TZI bewegt – bewegende TZI

Aspekte Themenzentrierter Interaktion

Herausgegeben von

Karin Hahn, Marianne Schraut, Klaus Schütz
und Christel Wagner

Mechtild Buschmann / Sabine Kröner (Hg.)

TZI bewegt – bewegende TZI

Neue Wege bewegungszentrierter Gruppenarbeit in
Weiterbildung und Sozialarbeit mit Frauen

Matthias-Grünewald-Verlag · Mainz

Die Deutsche Bibliothek – CIP-Einheitsaufnahme

Ein Titeldatensatz für diese Publikation ist bei der Deutschen Bibliothek erhältlich.

(c) 2000 Matthias-Grünewald-Verlag, Mainz
Das Werk einschließlich aller seiner Teile ist urheberrechtlich geschützt. Jede Verwertung außerhalb der engen Grenzen des Urheberrechtsgesetzes ist ohne Zustimmung des Verlags unzulässig und strafbar. Das gilt insbesondere für Vervielfältigungen, Übersetzungen und Mikroverfilmungen und die Einspeicherung in elektronischen Systemen.

Umschlag: Kirsch & Buckel Grafik-Design nach einer Idee der Herausgeberinnen
Druck und Bindung: Weihert-Druck, Darmstadt

ISBN 3-7867-2239-0

Inhalt

Mechtild Buschmann / Sabine Kröner
Einleitung 7

Sabine Kröner
**Für eine andere Bewegungs- und Kommunikationskultur –
das Projekt „Brochterbeck"** 11

• Wie es dazu kam 11
• Das Bewegungs- und Kommunikationszentrum für
  Mädchen und Frauen 17

Regina Biermann / Roswitha Massing
**Themenzentrierte Interaktion – ein Modell, das nach
Bewegung verlangt** 29

• Miteinander etwas bewegen – Persönliche
  Motivationen 29
• Themenzentrierte Interaktion in Bewegung 44
  – Zur Orientierung 44
  – Einblicke in unsere bewegungszentrierte
    Themenwerkstatt 46
  – „Den Fluß entlang gehen ..." 51
  – „Beherzt mit Hand und Fuß und Kopf" –
    Störungen haben Vorrang 73
• Themenzentrierte Interaktion bewegt – ein Fazit ... 91

Ulla Hinkeldey
**Erinnerungen an Brochterbeck –
ein persönliches Fazit** 93

Andrea Tussing
**Lücken in meinem Lebenslauf – Wendepunkte auf
meinem Weg** 98

- Einleitung und Hinführung 98
- Frauen-bewegt, Themen-zentriert und nicht
  allein 106
- Der Arbeitsmarkt kriegt uns nicht klein!
  Verlauf einer sozialen Trainingsgruppe 123
- „Vom Vokale-Tönen bekomme ich auch keinen
  Job!" Bewegte TZI und Soziale Trainings für den
  Arbeitsmarkt – Ein Fazit 142

Literatur 144
Kurzbiographien der Autorinnen 147

Mechtild Buschmann / Sabine Kröner

Einleitung

Die Themenzentrierte Interaktion (TZI) hat sich seit ihres Beginns stetig weiter entwickelt, besonders im letzten Jahrzehnt. Zahlreiche theoretische und anwendungsbezogene Veröffentlichungen in Zeitschriften und Buchreihen (insbesondere im Grünewald-Verlag) zeugen davon. Die vorliegende Veröffentlichung mit ihrer Thematik will zu dieser Weiterentwicklung beitragen.

Der Band dokumentiert Pilotprojekte, die einen Aspekt berücksichtigen, der bisher wenig oder gar nicht reflektiert und in der Praxis erprobt wurde: Es geht um die Verknüpfung von *Bewegung und Kommunikation* nach TZI, mit einer frauenparteilichen Ausrichtung. Dieser theoretisch entwickelte und praktisch erprobte Ansatz ist Ergebnis eines umfangreichen Forschungsprojektes, das in den Jahren 1989 bis 1996 an der Universität Münster unter der Leitung von Sabine *Kröner* durchgeführt wurde.

Der vorliegende Band umfaßt die Dokumentation zweier Pilotprojekte, die auf der Basiskonzeption des o.g. Forschungsprojektes entwickelt wurden. Mechtild *Buschmann* und Sabine *Kröner* geben zu Beginn Einblicke in die Grundlagen des Gesamtprojektes: Wie es dazu kam, welche theoretischen und didaktischen Überlegungen vorausgingen und welche feministischen Innovationen – besonders in bewegungs-thematischer Hinsicht – geplant und entwickelt wurden.

In dem von Regina *Biermann* und Roswitha *Massing* anschließend präsentierten Ansatz handelt es sich um eine bewegungs-orientierte Einführung in Methode und Haltung der TZI. Das TZI-Modell in seinen Grundlagen am eigenen *Leibe* für Gruppenleiterinnen erfahrbar zu machen, war das erklärte Ziel. Die

7

dynamische Balance zum Beispiel ist eine Bewegungsmetapher und fordert geradezu zur Bewegung heraus.

Nach je eigenen biografischen Einleitungen werden von den Autorinnen zentrale Aussagen der TZI-Theorie in Beziehung gesetzt zu den bewegungs-zentrierten Themen, die sie im Rahmen einer Einführung in die TZI für Gruppenleiterinnen im *Bewegungs- und Kommunikationszentrum für Mädchen und Frauen* in Tecklenburg-Brochterbeck (so die Bezeichnung des Forschungszentrums) entwickelt haben. Es werden beispielhaft themenzentrierte Bewegungssequenzen vorgestellt, die sich beziehen auf: Autonomie und Interdependenz, das Strukturmodell und die dynamische Balance, das Chairperson- und das Störungspostulat. Vorab gehen Regina *Biermann* und Roswitha *Massing* ausführlich und anschaulich auf den Prozeß der Themenfindung der geplanten Seminarreihe ein. Sie geben damit einen nachvollziehbaren Einblick in ihre Themen-Werkstatt, die sie entsprechend dem Gesamt-Thema des Seminars *Den Fluß entlang gehen* „in Fluß" hält.

Wir sind der Meinung, daß das dokumentierte Experiment – von Regina *Biermann* und Roswitha *Massing* durchgeführt – Anregungen für Gruppen jeglicher Art bieten kann. Besonders für jene GruppenleiterInnen, die Tanz- und Bewegungserfahrungen mitbringen, könnte das vorgestellte Vorgehen eine sinnvolle Erweiterung von TZI-Einführungen darstellen. Es gibt eine Reihe von Bemühungen, beim Gruppenlernen den *Körper* mit einzubeziehen (Amann u.a. 1991), ihn additiv oder kompensatorisch in den Prozeß der Vermittlung oder in Persönlichkeitskursen zu beachten. Im Vergleich dazu geht es bei dem hier vorgestellten Ansatz wesentlich darum, die Methode, die Haltung der *TZI über Bewegung* begreifbar und erfahrbar zu machen. Die Bewegung wird also zum integralen Bestandteil, TZI-Wissen zu vermitteln. Die New Dance Bewegung, wie von Regina *Biermann* vertreten, und die TZI, von Roswitha *Massing* eingebracht, gehen in dem hier vorgestellten Pilotprojekt eine gelungene Synthese ein.

Die persönliche Bilanz einer Teilnehmerin, die jahrelang Kurse des *Bewegungs- und Kommunikationszentrums für Mädchen und Frauen* besucht hat, bildet den Abschluß des ersten Teils.

Im zweiten Teil schildert Andrea *Tussing* (ehemalige wissenschaftliche Mitarbeiterin des Forschungsprojektes) wie sie in ihrer neuen Tätigkeit als pädagogische Mitarbeiterin der Volkshochschule Münster den *Brochterbecker integrativen Ansatz* innovativ weitergeführt hat. Ihre derzeitige Zielgruppe umfaßt sozial benachteiligte junge Frauen, die weder eine Ausbildung noch bezahlte Arbeit haben. Mit ihnen hat Andrea *Tussing* im Rahmen des für diese Frauen angebotenen sozialen Trainings den bewegungszentrierten TZI-Ansatz gewinnbringend nutzen können. Körperwahrnehmung, körperliche Kommunikation und Bewegung wurden zum Vehikel, soziale Kompetenzen zu erwerben. Die parteiliche und akzeptierende Sicht auf die anwesenden Frauen und ihre Situation durchzieht diese sehr empathische Darstellung. Damit wird dem kollektiven und individuellen *Globe* von Frauen besondere Aufmerksamkeit geschenkt. Deutlich wird in der Dokumentation von Andrea *Tussing* auch, wie der eher mittelschicht-orientierte TZI-Ansatz kreativ gewendet werden kann, um auch für die hier genannten Frauen aus ganz anderen Lebenszusammenhängen Sinn zu bekommen.

Auf dem Hintergrund unserer, im *Bewegungs- und Kommunikationszentrum für Mädchen und Frauen* in Tecklenburg-Brochterbeck gemachten Erfahrungen und der daraus entstandenen Forschungsergebnisse, halten wir es für denkbar und wünschenswert, daß LeserInnen der hier vorliegenden Veröffentlichung dazu angeregt werden, weitergehende bewegungsorientierte kommunikative Interaktionsprozesse für die Aus- und Weiterbildung in der Themenzentrierten Interaktion zu entwickeln.

Sabine Kröner

Für eine andere Bewegungs- und Kommunikationskultur – das Projekt „Brochterbeck"

Wie es dazu kam

Biografischer Hintergrund

Die erste Begegnung von Mechtild *Buschmann* (M.B.) und mir, Sabine *Kröner* (S.K.), ereignete sich Ende der siebziger Jahre in Köln: im Frauenbuchladen. Es war die Zeit, in der sich die neue Frauenbewegung in ihren besten Jahren befand. Autonome Frauenprojekte bewegten viele Frauen in der alten Bundesrepublik Deutschland. Frauenbuchläden, Frauenverlage, Frauen(kultur)zentren, Frauenzeitschriften, Frauenweiterbildungskurse ... entstanden. Die autonomen Frauen-Sommeruniversitäten in Berlin zogen tausende Frauen an, vor allem aus intellektuellen/akademischen, universitären Zusammenhängen. (Die sehr viel später einsetzende institutionelle Verankerung an Universitäten/Hochschulen hat hier ihren Ursprung). All diesen Initiativen war gemeinsam, daß sie darauf hinwirken wollten, die gleichberechtigte Teilhabe von Frauen an allen gesellschaftlichen Bereichen zu erreichen. Die 68-er Bewegung hatte zwar für einen grundlegenden Wandel zu einer sozial gerechteren demokratischen Staatsform in der Bundesrepublik Deutschland gekämpft, bis dahin aber versäumt, die praktizierte antidemokratische Geschlechterordnung zu thematisieren. Dies zu verändern, war deshalb das erklärte Ziel der Frauenbewegung ab den siebziger Jahren. Die Vorstellungen, wie dieses Ziel zu erreichen sei, waren äußerst facettenreich, sei es in politischer, strategischer oder inhaltlicher Hinsicht. Eine Vielzahl von Projekten theoretischer und praktischer Art „erblickten das Licht der Öffentlichkeit".

Es ist hier nicht der Ort, diese Entwicklungen im einzelnen nachzuzeichnen. Für unseren Zusammenhang ist wichtig, daß für uns Herausgeberinnen dieser Hintergrund für die berufliche Weiterentwicklung von Bedeutung war. M. B. engagierte sich mit Beginn der achtziger Jahre verstärkt in der Frauenbildungsarbeit, ich, S.K., etablierte 1985 den Frauenforschungsschwerpunkt in meinem Arbeitsbereich Sportsoziologie an der Universität Münster. Aus unser beider Wunsch heraus, tatsächlich und aktiv zur Veränderung bestehender Verhältnisse beizutragen, entstand die Idee für einen geschlechterdemokratischen/feministischen Ansatz im bewegungskulturellen Bereich. Erst im Laufe der Konkretisierung dieser Idee wurde deutlich, wie vielschichtig ein solches innovatives Projekt sein würde. Was sofort klar war: Es fehlte zu allererst ein bewegungsdidaktisches Konzept frauenstärkender Art. Um ein solches entwickeln zu können, galt es die vorhandenen didaktischen Konzepte auf ihre Brauchbarkeit in unserem Sinne zu befragen.

Sportive Bewegungskultur und ihre Vermittlung

Die heutige Bewegungskultur versteht sich seit den siebziger Jahren gemeinhin als Sport – allenfalls tauchen noch Begriffe wie Turnen oder Gymnastik auf. Sie hat kaum Vermittlungsverfahren entwickelt, um demokratische Zielvorstellungen im Rahmen von Erziehung und Freizeitangebot einzulösen. Die Geschichte der Leibesübungen/Leibeserziehung und Sport zeugt von vielfältigen pädagogischen Anstrengungen, über die jeweils gültigen bewegungskulturellen Vorstellungen einer Zeit, Menschen – vornehmlich junge – auch in ihrer Persönlichkeit zu formen. Die eindrücklichsten deutschen Beispiele – aber keineswegs die einzigen – sind der Nationalsozialismus und der Sozialismus in der Deutschen Demokratischen Republik. Autoritäre, dirigistische Methoden beherrschten und beherrschen auch heute noch – besonders im Hochleistungssport – das Vermittlungsgeschehen. Diese dirigistischen Lehr-/Lernmethoden stehen im krassen Widerspruch zu den Bildungsansprüchen demokratischer Gesellschaften: Den mündigen, selbstbestimmten und selbstverantwortlichen Menschen zu erziehen. Das Beachten der Beziehungsebene, wozu u.a. auch die Thematisierung von Konflikten gehört, ist dem herkömmlichen Lehr-/Lernverständnis zu Folge hinderlich und störend auf dem Weg zur Perfektionierung sportmotorischer Ziele und Leistungen. Die dirigistische Manipulation von Inhalten und beteiligten Menschen hat deutlich Vorrang.

Seit Beginn der achtziger Jahre gibt es einige wenige Versuche, schülerzentrierten/offenen Sportunterricht in der Schule zu praktizieren (*Hildebrandt* u.a. 1981), so daß Bewegungs- und Sportinhalte zwischen Lehrenden und Lernenden verhandelbar werden. Neben dem Bewegungsgeschehen wird das reflektierende Gespräch einbezogen. Kommunikation zwischen den beteiligten LehrerInnen und SchülerInnen erhält einen Sinn im Aneignungsprozeß von Bewegung, Sport und Spiel. Diese kommunikative Entwicklung ist u.a. maßgeblich und folgenreich der feministischen Kritik an Inhalten und Vermittlungswegen des sportlichen Geschehens zu verdanken.

Visionen eines geschlechterdemokratischen Sportunterrichts

Zu Beginn der siebziger Jahre kam verspätet – im Vergleich zu anderen Schulfächern – der nach Geschlechtern getrennte Sportunterricht auf den Prüfstand. Koedukation – also die intentionale gemeinsame Unterrichtung von Mädchen und Jungen – war damals das Zauberwort und galt als Mittel, um die Vorstellungen einer gleichberechtigten Teilhabe von Mädchen und Jungen an allen bewegungskulturellen, d.h. sportlichen Praxen zu verwirklichen. Mit dieser Organisationsform war gleichzeitig die Hoffnung verbunden, Gleichbehandlung von Mädchen und Jungen im Sinne des Hierarchieabbaus zwischen den Geschlechtern im Sportunterricht einlösen zu können. Gleichbehandlung bezog sich aber nicht nur auf die Körperpraxen, sondern auch auf jene der Kommunikation zwischen den Geschlechtern – ein doppelter Aspekt, den es zu beachten galt. Das angestrebte Ziel eines geschlechterdemokratischen Unterrichts durch strukturelle Veränderungen – sei es im Klassenzimmer oder in der Turnhalle – wurde damit nicht automatisch erreicht. Die Realität förderte nach zirka 15 Jahren praktizierter Koedukation im Sportunterricht (und allen anderen Fächern) die Erkenntnis zu Tage, daß die Dominanz männlicher Interessen und Sichtweisen Mädchen kaum Chancen läßt, ihrerseits Interessen und Fähigkeiten, Erfahrungen und Wahrnehmungen in den Sportunterricht gleichrangig einzubringen. Was ihnen bleibt, ist Anpassung um den Preis verhinderter Identitätsbildung. Aus diesen für Mädchen zum Teil frustrierenden und leidvollen Erfahrungen zogen Feministinnen Konsequenzen. Sie plädierten für einen parteilichen Sport, in dem es darum geht, Mädchen und Frauen in ihren eigenen Interessen, aus ihrem spezifischen Lebenszusammenhang und Körpererleben heraus zu stärken, sie selbstbewußt im Zusammenspiel ihrer körperlichen Kräfte und Energien zu machen. Diese Forderung nach selbstbestimmtem Körper-, Bewegungs- und Sportbewußtsein und Handeln kann – gemäß den Vorstellungen von Feministinnen – nur in einem von Jungen/Männern *nicht* dominierten, von ihnen *un*gestörten Unterricht geschehen.

Die neue Strategie, um zu mehr Fairneß im Umgang der Geschlechter vorzudringen, hieß also Frauenparteilichkeit. Diese Frauenparteilichkeit wurde insbesondere in autonomen Frauensportkursen erfolgreich an verschiedenen Orten der alten Bundesrepublik Deutschland praktiziert. Die entsprechende Entwicklungsarbeit, die dort geleistet wurde, hat wesentliche Impulse für die Stärkung von Frauen in der sportlichen Praxis (in Schulen, Sportvereinen und Frauenbildungskursen) ausgelöst. Bei aller Sympathie für diese Art frauenparteilicher Arbeit fehlte mir, S.K., dabei Wesentliches: Zwar wurde die Inhalts- und Beziehungsebene im Vermittlungszusammenhang gleichrangig beachtet, aber ein struktureller Rahmen für Innovationen, die nicht dem Zufall überlassen werden sollten, war für mich nicht erkennbar. Die Ausbildung in der Themenzentrierten Interaktion gab mir schließlich den Anstoß, die Mädchen-/Frauenparteilichkeit im bewegungskulturellen Bereich in dieser Hinsicht weiter entwickeln zu wollen.

Ausbildung in der Themenzentrierten Interaktion

In Mechtild *Buschmann* fand ich sehr bald eine Mitstreiterin. Sie hatte ihrerseits mit ihrer Frauenbildungsarbeit an der Volkshochschule in G. Ende der siebziger Jahre neue Pfade betreten. Die Kurse hatten den Sinn, Frauen zu sich selbst, zu ihren Stärken finden zu lassen, ihr Leben selbstbestimmter in die Hand nehmen zu lernen. Der Zulauf war groß. Dennoch – auch ihr fehlte etwas. Ein Gefühl des Auf-der-Stelle-tretens bei den Frauen und bei sich als Leiterin dieser Selbsterfahrungskurse ließ den Wunsch wachsen, nach geeigneten Vermittlungswegen zu suchen. Veränderungen sollten nicht nur dem Zufall überlassen bleiben, sondern stärker Impulse für das eigene

Wachsen der einzelnen Frauen und der Gruppe geben können. Meine bereits begonnene Ausbildung bei WILL[1] machte M.B. in dieser Hinsicht neugierig. Das Modell der TZI versprach für ihre Situation Abhilfe schaffen zu können. Sie machte sich also auch ihrerseits auf den TZI-Weg.

Die anfänglichen Impulse für neue Wege in der Mädchen-/Frauenbildungsarbeit durch unser beider Ausbildung in der TZI entwickelten sich immer deutlicher zu der Überzeugung, daß auf der Basis von TZI eine demokratisierende Bewegungsdidaktik zu entwerfen und zu praktizieren sich lohne. Allerdings zeichnete sich als noch nicht gelöste Frage ab: Wie kann es gelingen, die produktorientierte sportive Bewegungskultur mit dem Prozeßverständnis der TZI zu vereinbaren?

---

[1] Das Lehren und Lernen der Themenzentrierten Interaktion (TZI) vollzieht sich in autorisierter Form in WILL-Organisationen. WILL steht für Werkstatt-Institut für Lebendiges Lernen.

Das Bewegungs- und Kommunikationszentrum für Mädchen und Frauen in Tecklenburg-Brochterbeck

1989 konnte das Bewegungs- und Kommunikationszentrum als ein Ort reflexiver Praxisforschung mit Experimentiercharakter starten.[2] Wir hatten inzwischen eine Konzeption entwickelt, die unser Anliegen einer frauenparteilichen Bewegungs- und Beziehungs-Didaktik im Sinne der TZI einlöste und einen frauenfreundlichen organisatorischen Rahmen mit partizipatorischer Leitung vorsah.

Im Rahmen der sechsjährigen Forschungsarbeit gab es eine Fülle von einzelnen theoretischen und praktischen Vorhaben mit entsprechenden sich daraus entwickelnden Erkenntnissen. Für das Verständnis des, im nächsten Kapitel dargestellten, Teilprojektes

---

[2] Die Deutsche Sportjugend als Juniorpartner des Deutschen Sportbundes war Träger und hat für umfangreiche finanzielle Mittel auf Bundes- und Landesebene gesorgt.

wählen wir in der folgenden Darstellung die wichtigsten Grundlagen aus.

Zum feministischen Forschungsverständnis

Im Bewußtsein, daß Frauen als Kollektiv zu den diskriminierten und benachteiligten Gruppen der Gesellschaft gehören, zielt das wissenschaftspolitische Interesse feministischer Forschung auf Beseitigung dieser Tatsache. Maria *Mies* hat 1977/78 methodische Postulate für feministische Forschung formuliert, und damit nicht nur gedankliche Voraussetzungen geschaffen, sondern gleichzeitig einen Forschungsrahmen aufgezeigt, der emanzipatorische Theorie- und Praxisforschung möglich und faßbar macht/e. Diesen Postulaten waren wir während unserer Forschungspraxis in ihren Grundzügen auch verpflichtet. An dieser Stelle beschränken wir uns auf jene zwei, die unsere Arbeit im Laufe des Projektes immer deutlicher bestimmten.

• *Bewußte Parteilichkeit statt wertneutraler Objektivität*
Das Wort Parteilichkeit rief/ruft besonders im wissenschaftlichen Diskurs immer wieder Irritationen, Widerspruch hervor, fordert aber auch zu fruchtbaren Auseinandersetzungen heraus. Was soll unter Frauenparteilichkeit in unserem Zusammenhang verstanden werden?

Mädchen und Frauen als Kollektiv fehlt es an eigenen kulturellen, auch bewegungskulturellen, Bewegungsräumen. Soll in dieser Hinsicht eine Änderung eintreten, hat die Forschung Voraussetzungen zu schaffen, damit entsprechende Innovationen eintreten können. Strukturelle frauenparteiliche Rahmenbedingungen waren durch die Anmietung der ehemaligen Brochterbecker Hauptschule gegeben, die 1989 als *Bewegungs- und Kommunikationszentrum für Mädchen und Frauen* eingerichtet werden konnte und von diesem Zeitpunkt an als Experimentier- und Forschungsrahmen für sechs Jahre diente.

18

• *Die Sicht von unten*

Etablierte (Sozial-)Wissenschaft nimmt in aller Regel eine Sicht von oben/außen ein, d.h. Theorien entstehen vielfach ohne Bezug zur gesellschaftlichen Realität. Dies führt häufig dazu, daß politische und pädagogische Maßnahmen an den Betroffenen vorbeigeplant werden und demzufolge Veränderungen nicht in deren Sinne stattfinden können. Wenn die Bereitstellung öffentlicher Bewegungs-Räume für Mädchen und Frauen dazu führen soll, deren kollektive und individuelle Selbstbestimmungsmöglichkeiten zu verbessern, dann müssen, neben den strukturellen Rahmenbedingungen, auch die inhaltlichen und thematischen Voraussetzungen geschaffen werden. Die frauenparteiliche Perspektive hat sich demzufolge auch an den aktuellen Alltags- und Lebensbedingungen zu orientieren und leitet daraus den thematischen Diskurs mit den Frauen ab. Sie bindet diese damit in den Forschungsprozeß ein, nimmt sie als Subjekte ernst. Das ist unter der *Sicht von unten* zu verstehen. Die beiden Postulate *Frauenparteilichkeit* und die *Sicht von unten* waren zentrale Bedingungen, gleichsam Voraussetzungen der emanzipatorischen/feministischen Forschungspraxis, nicht aber schon Konzept.

Der frauenparteiliche Forschungsansatz in der Praxis

Die beiden Projekte, die seit 1989 im *Bewegungs- und Kommunikationszentrum für Mädchen und Frauen* durchgeführt wurden, hatten unterschiedliche Forschungsaufträge und Ziele. Das *erste* Projekt 1989–1992 hatte Modellcharakter. Dabei ging es im wesentlichen um den Aufbau des Kultur- und Bildungszentrums für Körper, Bewegung und Sport von Mädchen und Frauen.[3] Es galt sowohl mit dem exklusiven Frauenraum und dessen Organisation unter der Leitung und Verantwortung ausschließlich von Frauen zu experimentieren

---

3 Titel des Projektantrages.

als auch ein, an Mädchen und Frauen orientiertes, bewegungspädagogisches Konzept zu entwickeln und zu erproben. Im Ergebnis dieses ersten Projektes kann bilanziert werden: Modellhaft war es gelungen, die angestrebten Ziele hinsichtlich der bedürfnisorientierten Bewegungs- und Sportangebote, den dialogischen Umgang im Lehr-/Lern-Geschehen ebenso wie in der Teamarbeit im Zentrum und hinsichtlich der Führungs- und Verwaltungsqualifikationen zu erreichen. Gelungen ist dies besonders deshalb, weil das Gruppenverfahren der Themenzentrierten Interaktion (TZI) sowohl die Basis für jegliches Handeln in Arbeitszusammenhängen als auch im Lehr-/Lern-Geschehen war. Dieses half, vertrauensstiftende Strukturen auf allen Ebenen zu etablieren und war damit Voraussetzung für kooperatives Handeln bei allen Beteiligten des Forschungsprozesses. Gleichzeitig bedeutete dieser Forschungsansatz für die beteiligten Forscherinnen, sich selbst auch auf einen intensiven Lernprozeß einzulassen.

Die beeindruckende Annahme des mädchen-/frauenparteilichen Bewegungsbildungsansatzes unter der weiblichen Bevölkerung der Region des Kreises Steinfurt ermutigten, ein überregionales Weiterbildungs- und Beratungsprojekt für Multiplikatorinnen auf der von uns entwickelten Grundlage zu konzipieren und zu beantragen.

Der Anspruch an die Arbeit des *zweiten* Projektes, dem Weiterbildungsprojekt von 1992 bis 1995, bestand darin, eine Weiterbildungs- und Beratungsarbeit zu entwickeln, die den Kriterien des ersten Modellprojektes entsprach. M.a.W., die Weiterbildung zielte nicht allein auf die Vermittlung von Übungstechniken oder Unterrichtskonzepten für Multiplikatorinnen, sondern sollte den Abnehmerinnen die Möglichkeit bieten, sich selbst in ihrer gesamten Persönlichkeit mittels Bewegung und Körperarbeit weiter zu entwickeln. Die TZI bot Gewähr dafür. Insofern basierten die Seminare auf dem von uns durchgängig praktizierten Gruppenarbeitsmodell der TZI, welches einen prozeßhaften und dialogischen Umgang aller Beteiligten ermöglicht. Schließlich galt auch das

Prinzip der Frauenparteilichkeit als grundlegend für die Seminargestaltung. Nicht nur, daß die teilnehmenden Frauen Raum für ihre aktuellen Themen, die sie beschäftigten, bekommen sollten. Ebenso konnten die wiederkehrenden kollektiven Themen (wie z.B. Raum einnehmen und Grenzen setzen, Balance und Unbalance, Macht und Ohnmacht, Stärken und Schwächen wahrnehmen lernen ...) Ausgangspunkt von Seminaren werden. Dieser Weiterbildungskonzeption mit den drei Säulen

– der persönlichkeitsbildenden Arbeit mittels Körper, Bewegung und Sportarten
– des dialogischen Umgangs aller Beteiligten und
– der Frauenparteilichkeit

auf der Basis der TZI liegt die Erkenntnis zugrunde, daß ein System sich nur dann dauerhaft verändern kann, wenn neben veränderten Strukturen sich auch Menschen, die Systeme regeln und kontrollieren, auf den Weg machen und Innovationen leben. Insofern ist dieser Weiterbildungsansatz ein frauenqualifizierender, der die Möglichkeit bietet, *über die Selbst-Wahrnehmung zu mehr Selbst-Bewußtsein und damit zu mehr Selbst-Bestimmung* zu gelangen.

Um die o.g. Ziele der körper- und bewegungszentrierten Persönlichkeitsbildung zu erreichen, bedurfte es der – im ersten Projekt erprobten – alltags-, bedürfnis- und beziehungsorientierten Arbeitsweise mit dem partizipatorischen Leitungskonzept der TZI. Diese Arbeitsweise sollte sowohl Gültigkeit für die sport-/bewegungspraktische als auch für die organisatorische Leitungsebene haben. Deshalb waren Adressatinnen unserer Weiterbildungsseminare und Beratungsarbeit im zweiten Projekt zum einen *Pädagoginnen* in der Jugend- und Sozialarbeit, im Sportunterricht und Sportverein, an der Hochschule ..., zum anderen Sport-*Funktionärinnen* des organisierten Sports auf Stadt-, Kreis-, Landes- und Bundesebene.

Frauenparteiliche Bewegungs-Themen

Im folgenden wollen wir einen exemplarischen Einblick geben, wie bewegungsthematisch zentriert die frauenparteiliche Perspektive umgesetzt werden kann.

- *Raum einnehmen und bewahren/verteidigen*
Marianne *Wex* (1980) hat m.W. als erste in überwältigender Weise den *bildlichen* Nachweis erbracht, in welch unterschiedlicher Art und Weise Frauen und Männer ihre Körper im Raum darstellen, Räume um sich herum nutzen.

Männer beanspruchen idealtypischer Weise im Vergleich zu Frauen einen sehr viel größeren Raum um sich herum durch breitbeiniges Sitzen, Stehen oder Gehen. Ihre Arme winkeln sie ab oder stemmen sie in die Seite; der Gebrauch der Arme ist großräumig, also weg vom Körper. Frauen dagegen machen sich mehrheitlich klein, dünn und schmal, indem sie die Beine beim Sitzen und Stehen aneinanderhalten, die Füße gerade oder nach innen stellen oder die Arme eng am Körper halten.

In der selbstverständlichen Bereitstellung und Benutzung von privaten oder öffentlichen Räumen einschließlich der Bewegungs- und Sport-Räume haben Frauen und Männer unterschiedliche Zugangsmöglichkeiten und -rechte. Das beginnt bereits damit, daß überwiegend in Wohnungen oder Eigenheimen kein eigenes Zimmer für die Familienfrau vorgesehen ist im Gegensatz zu den übrigen Familienmitgliedern (Arbeitszimmer, Kinderzimmer, Hobbyraum). Bars und Kneipen sind eher Männer-Räume; Spiel-, Sport- oder Fußballplätze (Bolzplätze) werden mit großer Selbstverständlichkeit von Jungen/Männern als die ihnen gehörigen betrachtet und entsprechend genutzt. Mädchen und Frauen dagegen ziehen sich in Gymnastik-, Tanz-, Ballett-Räume zurück, begnügen sich mit Ecken auf Pausenhöfen, um Gummitwist u.ä. zu spielen (vgl. z.B. *Pfister* 1991; *Klein* 1992). Dies sind nur einige Beispiele dafür, daß Mädchen und Frauen ihren individuellen Körper-Raum nicht ausreichend ausfüllen, soziale Räume wenig beanspruchen, unterbesetzen und zu wenig nach ihren Bedürfnissen und Vorstellungen gestalten. Deshalb ist es wichtig, hier bewegungsthematisch anzusetzen etwa mit dem Thema: „Ich nehme meinen Raum wahr – ich nehme meinen Raum ein."

• *Vertrauen als Basis zu Kooperation*
Frauen haben in der Vergangenheit wenig Gelegenheit gehabt, im öffentlichen Leben auf Entscheidungsebenen kooperatives Handeln untereinander zu praktizieren. Das hat sich geändert, seitdem Frauen ihre politischen Interessen in den verschiedenen Gremien der Parteien und Verbände aktiv wahrnehmen und an der Durchsetzung von Frauenförderplänen arbeiten. Kooperatives Handeln will als Basisqualifikation erlernt werden. Dieses kooperative Handeln setzt gleichwohl das grundlegende Gefühl des Vertrauens in die eigene Person und in die der anderen Frauen voraus.

Es ist bekannt, daß Mädchen/Frauen mittlerweile in Schule und Hochschule im Notendurchschnitt besser abschneiden als Jungen/Männer, in allen beruflichen Sparten mit soliden Qualifikationen aufwarten, im Sport beeindruckende Leistungen demonstrieren, einen beachtlichen Teil von Wirtschafts-Managerinnen stellen und dergleichen mehr. Dennoch ist auch belegt, daß das Selbstvertrauen einer Vielzahl von Frauen schwach bis gering ausgeprägt, brüchig ist (vgl. u.a. *Schaef* 1994). Vielen Frauenbiografien ist zu entnehmen, daß sie Abwertungen, Demütigungen auch in körperlicher Hinsicht bis hin zum sexuellen Mißbrauch erfahren, daß sie die ihnen angetragene Minderwertigkeit verinnerlicht haben, ihren eigenen Körper ganz oder Teile davon mißbilligen, häßlich finden, sich dessen schämen. Schönheitskorrekturen, vom Übertünchen bis zur Operation, zeigen das Ausmaß und die Bandbreite der körperlichen Verunsicherungen an. Von außen gesetzte Maßstäbe und die Körpergrenzen mißachtende Übergriffe verhindern oder stören das Ausbilden einer eigenen Körpersicherheit, die nicht selten ein stabiles Selbstwertbewußtsein auch mentaler Art verhindern hilft.

Die kollektiven Zurichtungen und Erfahrungen bewußt zu machen, Frauen einen Weg zur Stärkung eigener Körperwahrnehmungen aufzuzeigen, um damit auch die gegenseitige Stärkung und das gegenseitige Vertrauen in der Gruppe zu fördern, ist Thema und Ziel zugleich von Workshops, wie sie von uns z.B. mit Funktionärinnen des Landessportbundes Niedersachen durchgeführten wurden: *Ich stärke mich – Wir stärken uns – auf dem Weg zur Vernetzung.* Oder: *Ich vertraue mir – Ich vertraue dir – Vertrauen als Basis zur Kooperation.*

• *Mich austoben oder konzentriert bei mir sein – zwei Ebenen von Körper- und Bewegungserleben*
Wie schon oben erwähnt, sind die Zurichtungsmaßstäbe für Frauen in besonderer Weise körperbezogen. Jede Zeit variiert diese Ansprüche auf ihre Weise. Aerobic setzte sie gestern, Callanatics heute. Orientiert an Problemzonen treibt das Schönheitsideal eine Vielzahl von Frauen zum immerwährenden Bodyshaping, sei es durch Essen oder Fitneßprogramme. In dieser Weise instrumentalisiert, ist die Unzufriedenheit mit dem Frauenkörper vorprogrammiert, weil Ideale sich häufig nicht erfüllen lassen. Das Abenteuerliche oder Lustvolle, die spielerische Seite menschlicher Körperlichkeit, die im Fliegen, Gleiten, Schwingen, Springen, Austoben, Auseinandersetzen mit Wind, Wetter, Wasser, Gegnern so vielfältig zum Ausdruck kommen kann, wurde von Mädchen und Frauen entweder begrenzt, kaum oder niemals erlebt, manchmal ist es im Laufe des Älterwerdens abhanden gekommen.

Frauen von dem passiven und instrumentellen Gebrauch ihres Körpers wegzuführen hin zu einem aktiven, die Fülle der Körperpotentiale wahrnehmenden, das wollten unsere Workshops. Sie sollten dazu beitragen, daß Frauen zum Wohlbefinden in ihrem

Körper und zur Selbstbewußtheit ihrer körperlichen Möglichkeiten finden. Dies könnte sie auch vor Übergriffen schützen.

• *Macht wahrnehmen – Macht ausüben*
Die ungleiche Verteilung von Macht z.B. im organisierten Sport gehört zum Standardwissen. Den Frauen werden Geld, Plätze in ehrenamtlichen Gremien – die mit weitreichenden Privilegien verbunden sind – Rederechte und dergleichen mehr, kurzum Ressourcen vorenthalten, die zur Ausstattung von Macht unerläßlich sind. Das Erstreiten aber von gleichen Rechten, das offene Zeigen von aggressiven Energien fällt Frauen schwer. Sie haben gelernt, allenfalls mit Frauen um einen Mann zu kämpfen, nicht aber beispielsweise um einflußreiche Positionen. Die Zurichtung von Frauen hinsichtlich von Unterwerfungsstrategien ist äußerst erfolgreich, wenn es um die Tabuisierung von Machterwerb geht. Macht und Konkurrenz sind ambivalente Themen für Frauen, die sie zutiefst in ihrer Identität verunsichern. Um dies zu verändern, können/müssen Frauen neue Verhaltensweisen einüben und auch die Schattenseiten ihres Selbst in dieser Auseinandersetzung annehmen lernen.

Thematisch wurde dieser Komplex beispielsweise so aufgegriffen: *Ich bin nicht allmächtig ich bin nicht ohnmächtig – ich bin partiell mächtig.* Oder: *Ich bin eine (sch)mächtige Frau – ein ambivalentes Bewegungsthema.*

• *Grenzen setzen – Grenzen erweitern*
Grenzen setzen – gestalten und erweitern hat mit dem Wahrnehmen des eigenen Selbst, den eigenen Bedürfnissen und Wünschen zu tun, was die einzelne Frau will und was sie anderen erlaubt. Frauen begegnen alltäglich viele Zumutungen, die mit Grenz-Verletzungen einhergehen, sei es als sexuelle Gewalt, Anmache auf der Straße, am Arbeitsplatz, als Dienstleistungserwartungen in der Freizeit oder Familie: ob es das Eben-mal-Kinder-irgendwo-Hinfahren ist oder die Bewirtung/Versorgung des Besuches, die selbstverständliche Über-

tragung der Verantwortung für die Vor- oder Nachbereitung eines Vereins- oder Clubfestes ...

Es ist wichtig, daß Frauen wahrnehmen lernen, was sie können, wollen, sollten oder müssen und dazwischen unterscheiden lernen. Daß sie *Nein-sagen* können, wenn es um ihre körperliche und/oder seelische Unversehrtheit geht, daß sie Grenzen zu setzen lernen, wo ihre eigenen Bedürfnisse und Wünsche immer wieder in Gefahr geraten, um anderer willen nicht beachtet zu werden. Selbstbehauptung und Selbstverteidigung hängen eng zusammen. Allein wenn frau ihre Stimme erhebt, d.h. schreit, läßt in 70% der Fälle der potentielle Vergewaltiger von seinem Opfer (*Ministerin* 1991). Körperlich sicher werden, heißt u.a. Grenzen setzen, sie für andere sichtbar machen und ggf. erweitern. Dies sind wichtige Aspekte dieses Themen-Schwerpunktes.

Alle aufgeführten Themenbeispiele verdeutlichen, welch eine hohe Alltagsrelevanz sie für Mädchen und Frauen besitzen und welche Chancen die Bearbeitung dieser Themen für das persönliche Wachstum bieten.

• *Zum methodischen Vorgehen*
Um die Wirksamkeit der Weiterbildungsveranstaltungen überprüfen zu können, wurden sämtliche Weiterbildungsaktivitäten auf der Grundlage von Haltung und Methode der TZI und nach frauenparteilichen Gesichtspunkten vorbereitet, durchgeführt, ausgewertet und dokumentiert. Vorbereitung und Auswertung fanden unter TZI-Supervision (M. B.) statt. Durchgeführt wurden die Weiterbildungs-Seminare mehrheitlich unter Doppelleitung. Letzeres, um im Sinne der TZI eine dialogische Leitung zu garantieren und um die Dokumentation des Seminargeschehens zu sichern.

Ergänzend wurde das Kooperationskonzept von Helga *Belz* (1992) herangezogen. Dieses verstärkt die Sensibilisierung und Reflexionsmöglichkeit für das *In-Beziehung-Sein* bzw. *Nicht-In-Beziehung-Sein* mit mir als Leitung, den anderen, dem Thema, also für die kooperative Haltung beim Arbeiten und im Lehr-/Lerngeschehen. Das Selbst-Supervisionsmodell von Matthias *Kroeger* (1989) reflektiert und problematisiert im Rahmen der Auswertungsarbeit besonders die Leitungsthematik, den Umgang in der Gruppe, das akzeptierende Klima, die richtige/falsche Wahl des Themas (Alltagsbezug) oder die Wirkung der Veranstaltung. Auf dem Hintergrund dieser beiden Modelle wurden unter frauenparteilichen Gesichtspunkten folgende Reflexionskategorien richtungsweisend. Fragen, die wir insbesondere bei der Auswertungsarbeit stellten:

Akzeptanz statt Abwertung	Was habe ich als Leiterin der Gruppe zur *Akzeptanz* beigetragen – gab es Abwertungssituationen?
Anteilnehmende Leitung statt distanzierte Leitungsautorität	War ich als Leiterin in Kontakt mit den *Bedürfnissen* einzelner und der Gruppe – wo habe ich aus der Distanz geleitet und wie hat ggf. beides gewirkt?
Alltagsbezug statt Technikvermittlung	Wie flexibel oder vorgedacht habe ich den *Alltag* der Frauen miteinbezogen oder bewegungsorientiert umgesetzt?
Raum einnehmen/gestalten statt einengende Anpassung	Was habe ich als Leiterin inszeniert, damit sich die Frauen raumeinnehmend bewegen und diesen *Raum gestalten* konnten? Wie haben die Frauen darauf reagiert?
Grenzen wahren oder/und verschieben statt überschreiten/mißachten	Was habe ich als Leiterin dafür getan, daß Sensibilität und Bewußtsein für *Grenzen* entstehen/wachsen konnten?
Selbstverantwortung statt abhängige Selbstaufgabe	Welche Strukturen habe ich gesetzt, wie war mein Umgang mit den Frauen, damit Selbstverantwortung übernommen werden konnte?

Die Vorbereitungs-, Durchführungs- und Auswertungsarbeit war ein hochkomplexer Vorgang, der zu immer neuen Erkenntnissen führte und den weiteren Weiterbildungsprozeß sinnvoll beeinflußte.

Was noch zu ergänzen ist

Es ist unschwer zu erkennen, daß es sich bei den Beispielen frauenparteilicher Bewegungsthemen um persönlichkeitsbildende Aspekte handelt. Dies war aber nicht der einzige Fokus unserer Bewegungsarbeit.

Es bleibt daher zu ergänzen, daß die Bewegungsarbeit im Rahmen des *integrativen Brochterbecker Ansatzes* (Gruppenarbeitsmodell der TZI, mädchen-/frauenparteiliche Sichtweise und Bewegungsarbeit) in drei Varianten Anwendung fand. Bewegung konnte als *eigenständiges* Thema im Sinne des Aneignens von Bewegungs-/Sportkompetenz, Gymnastik ...vorkommen, als Bearbeitungs*medium* für Themen wie Macht, Raum, Balance ... und als *aktivierendes Moment* in Seminaren (z.B. mit Sportfunktionärinnen bei Themen wie Ehrenamt, Solidarität etc.). Der folgende Werkstattbericht „Zur Einführung von TZI für Gruppenleiterinnen" mit dem Thema: „TZI – ein Modell, das nach Bewegung verlangt" dokumentiert, *wie* darüber hinaus *die TZI selbst in Bewegung kommen kann*. Ausgehend von der Vorstellung der *dynamischen Balance* als Bewegungsmetapher sind Regina *Biermann* und Roswitha *Massing* inspiriert worden, neue bewegungs-zentrierte Wege in der Grundlagenvermittlung von TZI zu erproben.

Regina Biermann / Roswitha Massing

Themenzentrierte Interaktion – ein Modell, das nach Bewegung verlangt

Miteinander etwas bewegen – Persönliche Motivationen

Eine Anfrage zum richtigen Zeitpunkt (Roswitha Massing)

Im Frühjahr 1993 fragte mich Mechtild *Buschmann*, ob ich mit Regina *Biermann* (R.B.) zusammen ein Seminar für Gruppenleiterinnen des *Bewegungs- und Kommunikationszentrums für Mädchen und Frauen* in Brochterbeck geben wolle: eine Einführung in die Haltung und Methode der Themenzentrierten Interaktion nach Ruth C. *Cohn*.

Mich reizte diese Aufgabe, weil ich mich zu jener Zeit auf ganz anderer Ebene noch einmal mit den Grundannahmen der TZI und ihrer Didaktik auseinandersetzte, nämlich im Rahmen der Weiterbildung zur TZI-Supervisorin. Ich hatte mich im Laufe dieser Ausbildung besonders mit dem Handlungsprofil der TZI-GruppenleiterIn und -SupervisorIn beschäftigt. Für mich waren Beweglichkeit und Unabhängigkeit charakteristische Eigenschaften dieses Profils; seinen Kompaß und sein Rück- grat sah ich in den Grundeinstellungen der TZI verwurzelt. „Das Vier-Faktoren-Modell – Thema-Ich-Wir-Globe – als dynamisches Steuerungsmodell – was heißt das eigentlich?" fragte ich mich in dieser Lernsituation. Ich war neugierig zu erfahren, ob die Zusammenarbeit mit einer Frau, Regina *Biermann*, der es in ihrer Arbeit wesentlich um authentische Bewegung und eigenverantwortliches Zusammenspiel mit anderen ging, mir weitere Antworten und Einsichten auf meine Fragen bringen würde.

Die TZI in ihrer Haltung und Methode durch Bewegungs- und Körpererfahrung und darauf aufbauende Reflexion zu vermitteln, war eine neue Herausforderung für mich. Von Anfang an war klar, daß die Rolle von R.B. nicht die der Zubringerin von abwechslungsreichen Übungen war, um Lernsituationen anziehend und interessant zu gestalten. Ihre Kompetenz in ihrer besonderen Ausprägung der kreativen Körper- und Bewegungsarbeit sollten mit meiner TZI-Erfahrung und meinem pädagogisch-therapeutischen Hintergrund in ein gleichrangiges Zusammenspiel kommen. Ich wollte mit R.B. zusammen auf diesem mir ungewohntem Wege die TZI aus anderer Perspektive sehen und erleben und vielleicht auch neue Wege erschließen, wie die TZI gelehrt und gelernt werden kann.

Durch die Seminare mit R.B. habe ich umfassender begriffen, daß Lernen mit dem Körper, Lernen in Bewegung mit mir und anderen, Arbeit an der Chairperson bedeutet. Mit allen Sinnen wach sein für den Augenblick, hieß für mich, dem was im Augenblick „dran" ist, auch wenn es störend oder störrisch ist, seinen angemessenen Platz zu geben. Dazu ein persönliches Beispiel aus einem Planungstag mit R.B.:

In der Arbeitspause gehen wir in der warmen Mittagssonne um den See unweit meiner Wohnung spazieren. Zum ersten Mal seit Wochen Sommerduft in der Nase. Ich bin etwas duselig vom langen Sitzen und ungelenk beim Gehen. Wir ziehen unsere Schuhe aus und gehen über den kühlen Rasen, spüren kribbelnde Grashalme, achten auf davonhuschende Bienen im Klee. Ich schaue herab, bin ganz aufmerksam auf meine Füße geworden, wie die Zehen so zu arbeiten anfangen. Ein Stück Schotterweg steht für sie an. Ich werde gepiekst unter den Sohlen, ziehe meine Schultern hoch, versuche mich ganz leicht zu machen, abzuheben, atme engbrüstig. „Mach' dich schwer und breite dich auf dem Boden aus, nimm Raum ein!" sagt R.B. Ich gebe an den Steinchengrund mein ganzes Gewicht ab, spüre Beine, Füße, Ballen, Fersen. Ich atme tiefer.

Meine Schwerkraft und der haltende Boden unter mir gehören zusammen. Der Gang wird schwerer, meine Schultern entspannen sich, der Schmerz ist weg. Der Grünstreifen nimmt meine Füße wieder auf. Es kribbelt, pulsiert. Ströme fließen an meinem Rücken nach oben in den Nacken. Ich steige wieder in die Schuhe, sie scheinen zu eng zu sein, meine Füße brauchen mehr Fläche. Ich gehe geschmeidiger und standfester. Wir lachen uns an, breiten die Arme aus. Zu Hause waschen wir genüßlich die Füße. Wir haben wieder Schwung für Sitzen, Reden, Schreiben und Denken. Wir fühlen uns zugehörig, zueinander, zu der großen Natur draußen.

Ein anderes berufliches Feld motivierte mich damals zusätzlich, dieses Projekt anzugehen: Ich unterrichtete seit einiger Zeit im Methodenschwerpunkt Spieltherapie und Kunsttherapie an einer Fachschule für Heilpädagogik. In der Praxisberatung der SchülerInnen war ich mit der Situation behinderter Menschen konfrontiert. Über meine Fachbereiche hinaus mußte ich mich mit der Entwicklung des Menschen in verschiedenen Bereichen auseinandersetzen, mit den komplexen Bedingungsfaktoren, die „normale" Entwicklung, Besonderheiten oder Beeinträchtigungen verursachten. Wie sehr Körper, Seele, Geist und soziales Verhalten eins sind, wurde mir in dieser Tätigkeit deutlich vor Augen geführt. Themen der allgemeinen Heilpädagogik beschäftigten mich damals sehr und brachten mich auf einer ganz anderen Ebene dem Wissen um die Wirklichkeit der Leib-Seele-Geist-Einheit näher. Tagtäglich wurde ich mit der Realität konfrontiert, daß da, wo nur eine Ader des lebendigen Bedingungsgefüges *Organismus* bedroht ist, das gesamte Lebenssystem mit betroffen ist. Die Aufgabe war, förderliche Impulse zu geben, wo noch Kräfte oder Vermögen zu erkennen waren. Eine noch so kleine positive Veränderung zog Kreise und veränderte das Ganze. (Und immer erfuhren wir, daß der ganze Mensch mehr ist als ein Bedingungsgefüge.) Moshé *Feldenkrais* hat diese Wahrheit zur Grundlage seiner Körpertherapie gemacht. Er will durch sein System der *Körperspürlektionen* helfen, körperliche Grundordnungen wiederherzustellen, was seelisch-geistige Veränderungen nach sich zieht. In der Bewegungsarbeit mit R.B. erlebte ich am eigenen Leibe, wie Bewegungsarbeit verändern hilft.

Auf den Leib rückten mir diese Zusammenhänge, als mich im Juni 1993 ein Schlaganfall traf, so daß ich halbseitig gelähmt war, an Gleichgewichtsstörungen und Sehstörungen litt. Zwar erholte ich mich schnell, die Gleichgewichtsstörungen und Sehstörungen aber blieben erhalten und spiegelten sich in meinem seelischen und geistigen Haushalt wider. Ich mußte mich stark beieinanderhalten, gewöhnte mir ein Haltungskorsett an; eine breitere Gangart half mir, die Balance zu halten. Und unversehens wurde ich in meinen Gefühlen und Einstellungen stockender, ambivalenter. Oft war ich wie gelähmt und entscheidungsunfähig. Meine geistige Kreativität wurde dürr.

Dennoch wollte ich das Seminar mit R.B. durchführen, denn die anregenden Vorbereitungsgespräche hatten meine Motivation noch erhöht. Themenformulierung, Bausteine, die geplante Anfangssituation lockten. Noch recht angeschlagen, begann ich mit R.B. die Seminarreihe. Mein kontrollierendes, sehr anstrengendes äußeres und inneres Korsett wirkten sich vor allem auf unsere Planungsgespräche aus, in denen es darum ging, am Gruppenprozeß entlang zu gehen. Ich litt an Ideenmangel und Bewegungsstarre auch in den geistigen Spielräumen. R.B. hat diese Dürre mit mir durchgestanden, oder besser: durchwandert. Denn im Laufe der ersten Seminare gab es Einbrüche, die unser gemeinsames Werk Spannungen aussetzte. Beispielsweise mußte ich an einem Wochenende plötzlich absagen und R.B. ging allein in unser Seminar *TZI und Bewegung.* Ich erinnere mich aber auch an befreiendes Aufatmen, wenn es mir gelang, R.B's Impulse in Bewegung umzusetzen und mir größere persönliche Bewegungsfreiheit möglich wurde, als ich in meinem geängstigten Geist, meiner geschockten Seele vermutet hätte. „Geh einen kleinen Schritt weiter als Deine Angst Dich hält!"

Diese ermutigende Aufforderung von Ruth C. *Cohn* konnte ich oft umsetzen.

Unsere Zusammenarbeit wurde eine spannende Entdeckungsreise. Bewegungsspiele, die sich von der einzelnen Frau zur Partnerinnenschaft fortsetzten und oft in ein gemeinsames Ganzes mündeten, waren verwandt mit den themenzentrierten Gruppenverläufen. In den Zielen unserer Arbeit waren wir uns einig: Frauen zur authentischen Bewegung im Leben, Lernen und in der Zusammenarbeit zu ermutigen und sie in diesem Wachstumsprozeß zu begleiten.

Mein Weg zum New Dance – was das überhaupt ist – und was das
mit TZI zu tun hat (Regina Biermann)

Als ich 1985 zum ersten Mal mit New Dance in Berührung kam, hatte ich schon einige Erfahrung in verschiedenen anderen Tanzstilen gesammelt (vor allem Modern Dance, Ballett und Ausdruckstanz). Ich war damals „schon" fünfundzwanzig Jahre alt, war auf dem Papier Diplom-Sozialpädagogin, aber mit wenig Ambitionen hinsichtlich pädagogischer Arbeit, und eben eigentlich zu alt für den Beginn einer Tanzkarriere. Bewegung hatte schon immer eine große Rolle in meinem Leben gespielt. So sind wichtige

Entscheidungen und Ereignisse sehr stark mit Körper- und Bewegungserinnerungen verknüpft:

- auf Bäume klettern, so hoch mein Mut reicht, um eine andere Perspektive von der Welt (auch in meinem Kopf) zu entwickeln ...
- das Lachen im Bauch, das meinen ganzen Körper in Bewegung bringt, bevor der Gedanke im Kopf angelangt mich verstehen lässt, was so komisch ist ...
- oder nassgeschwitzt, durchwärmt und erschöpft mich endlich ausstrecken und eine tiefe Ruhe finden, in der sich so manches relativiert, eine andere – vielleicht angemessenere – Bedeutung bekommt, aus der ich neue Klarheit und Kraft finden kann...

Darin unterscheidet sich meine Geschichte sicher nicht einmal von der der meisten anderen Menschen. Lediglich die Bedeutung, die wir unserem Körpergedächtnis, unserem Körperempfinden und seinem Ausdruck beimessen, ist bei den meisten „NichttänzerInnen" geringer, weil sie dies weniger trainieren und als selbstverständlich erleben. Unsere Kultur lässt immer weniger Raum für eine ausgelebte und vollständig entwickelte Körper- und Bewegungsidentität; schon im frühen Kindesalter beginnt hier das Verlernen und Vergessen.

Konzepte integrativer Körperarbeit bzw. Körpertherapien (z.B. Feldenkrais, Bobath und *Body-Mind Centering*, auf das ich mich hier wegen seines großen Einflusses auf New Dance beziehe) basieren unter anderem auf der Erkenntnis, daß übersprungene oder nur unzureichend durchlebte Phasen der Bewegungsentwicklung (vom Fötus bis in die ersten Lebensjahre) später zu erheblichen Entwicklungsstörungen führen können, und zwar sowohl auf körperlicher als auch geistiger und emotionaler Ebene. In oft mühsamer Arbeit werden in diesen Therapien frühe Entwicklungsstufen nachgelebt und reintegriert. Dieses „Repatterning" ist ein neurophysiologischer Prozeß, bei dem eine Heilung (Centering) in Körper, Geist und Seele in Gang gesetzt wird, was letztlich bedeutet, sich freier bewegen, freier und kreativer denken zu können und in sich selbst sicherer und bewusster zu sein.

Um ein Beispiel zu nennen: In unserer westlichen Zivilisation, die so stark von Leistungszwang und Konkurrenzkampf bestimmt wird, spielt das frühe Laufenlernen eine sehr große Rolle. Sobald das Kleinkind erste Ansätze dazu zeigt, wird es darin bestärkt, andere Entwicklungsstufen, vor allem das Krabbeln als primäre Form der Fortbewegung, wesentlich zu verkürzen. Eine Folge davon ist, daß die kontralaterale Bewegung des Krabbelns und die durch sie unterstützte Entwicklung der Koordination beider Gehirnhälften und der Integration der Sinne ebenfalls nur unzureichend entfaltet werden.

Statt im Vertrauen darauf, daß der Körper mit seiner eigenen Intelligenz (Body-Mind – das Wissen jeder einzelnen Zelle) den richtigen und angemessenen Weg und Zeitpunkt finden wird, greift die von (Un-)Verstand geprägte Kultur ein und schafft damit ihre eigenen Schwächen. Legasthenie, Sehschwächen, Wirbelsäulenerkrankungen und viele andere Störungen können die Konsequenzen sein. Nicht zuletzt hat wohl auch die Zivilisationskrankheit des „Nie-Zeit-Habens" hierin ihre Wurzeln.

Doch zurück zu meiner eigenen Geschichte:
Vermutlich habe ich im Garten meiner Großeltern genügend herumtoben dürfen (*obwohl* ich ein Mädchen war) und hatte auch ausreichend Zeit, die einzelnen Entwicklungsphasen durchleben zu können (vielleicht *weil* ich ein Mädchen war). Später, als Schülerin und Studentin, habe ich durch intensives Training (Schwimmen, Geräteturnen und Tanz) und ein überdurchschnittliches Bewegungsbedürfnis die Fähigkeit weitgehend erhalten können, Körperempfindungen und -botschaften bewusst wahrzunehmen und sie gleichwertig zu Verstand und Gefühl zu erleben und zu behandeln. Kurz und gut: In meinem Pädagogikstudium rutschte ich meis- tens ungeduldig, körperlich unausgelastet und „körperignoriert" auf meinem Stuhl herum; hätte es nicht medienpädagogische und TZI-Seminare gegeben ... Im Sport- und Tanzunterricht fühlte ich mich manchmal seltsam kopf- und seelenlos auf den Körper, und selbst hier noch auf eine sehr eingeschränkte Auffassung von Bewegung, reduziert.

Meine ersten New Dance-Stunden hingegen hinterließen sofort einen starken Eindruck und eine tiefe Zufriedenheit, als ich spürte, daß ich hier als ganzer Mensch, als Einheit da sein und lernen konnte. Es ging stets darum, die Bewegung auch zu verstehen und zu fühlen, sie von verschiedenen Ansätzen her zu durchdringen und in den eigenen Körper und die ganze Person zu integrieren. Ich lernte, auf hundert verschiedene Arten einen Arm zu heben und fand das viel interessanter, als mich darin zu üben, mit 99 anderen Tänzerinnen möglichst synchron zu sein. Zugleich zeigte sich hier noch ein langer Weg persönlichen Wachsens und Vervollständigens meiner tänzerischen und künstlerischen Möglichkeiten. Jedesmal, wenn ich den Eindruck hatte, etwas Neues von mir und meiner Bewegung verstanden zu haben, taten sich neue Fragen auf. Daß dieser Prozeß bis heute anhält und auch für die Zukunft noch viele

Überraschungen erahnen lässt, spiegelt die Lebendigkeit wider, die dem New Dance – wie der TZI – zu eigen sind.

Den Menschen als Ganzes, als Einheit und mit seinem Eingebundensein in äussere Zusammenhänge zu betrachten und zu begreifen, wird in der TZI als Chance des gemeinsamen Lernens, Arbeitens und Wachsens und im New Dance als Basis des kreativen tänzerischen Potentials verstanden.

Durch meine Tätigkeit als Referentin für Tanz und Körperarbeit im *Bewegungs- und Kommunikationszentrum für Mädchen und Frauen* in Brochterbeck kam ich 1989 erneut mit TZI in Berührung. In den Kursleiterinnenfortbildungen, in denen im Vordergrund die Vermittlung von Haltung und Methode der TZI und die Reflexion des eigenen Leiterinnenbildes standen, wurde ein pädagogisches Modell weitergegeben, das die Basis für frauen- bzw. mädchenfördernde Bewegungsarbeit darstellte. Hierdurch erhielt ich die Möglichkeit, meine bis zum damaligen Zeitpunkt gesammelte Unterrichtserfahrung zu reflektieren und bekam neue Inspirationen und viele fruchtbare Anregungen für die bewusstere Gestaltung der Arbeit mit Gruppen. Zugleich empfand ich eine Übereinstimmung meiner eigenen Anliegen und dem, was mir die TZI mit ihrer Haltung bis hin zu ihrem konkreten Handwerkszeug anbieten konnte, ähnlich wie ich es bei meinen ersten Begegnungen mit New Dance erlebt hatte. Es war ein Wiedererkennen von etwas Vertrautem in einem neuen Gesicht.

Obwohl Ruth C. *Cohn* und die Mitglieder des Judson Dance Theatre[4] mehr als eine Generation trennt, verbindet sie doch der

---

[4] Das 1960 in New York gegründete TänzerInnenkollektiv „Judson Dance Theatre" stellte die bestehende tänzerische Tradition radikal infrage. Die bedeutendsten Initiatoren dieser neuen Tanzbewegung waren Steve Paxton, Simone Forti, Trisha Brown, Yvonne Rainer, Judith Dunn, Lucinda Childs und Deborah Hay. Der Name „Judson Dance Theatre" geht auf die Judson Church zurück, die als Experimentier- und Auftrittsort vielen Künstlern

Geist und die Dringlichkeit, mit der sie die Suche nach zukunftsweisenden Möglichkeiten des Zusammenlebens und kooperativen Handelns bzw. künstlerischen Schaffens betrieben. Treibende Kräfte hierfür waren sicher eine feste Überzeugung vom Wert des eigenen Tuns und ein Glaube an die Möglichkeiten gesellschaftlicher Veränderungen.

Das Vertrauen in die Entwicklungsfähigkeit einer Gesellschaft ist in den achtziger und neunziger Jahren in allen westlichen Kulturen weitgehend verloren gegangen. Nach einer Generation des Aufbruchs befinden wir uns derzeit eher in einer Phase des Schlummerns und Verarbeitens, aber auch der Resignation und des Festklammerns. Angesichts der Bedrohung der Natur, die ja unsere eigene Existenz einschließt, kommen ganz neue Herausforderungen auf uns zu, denen wir nur gewachsen sein können, wenn wir uns selbst, unsere Umwelt, anders wahrnehmen und auch die Strukturen unseres Denkens ändern.

In diesem Kontext spielen TZI und New Dance eine ähnliche Rolle: Sie formen keine Massenbewegung, sondern sie erreichen Menschen auf eine tiefgehende und wirksame Weise. Beide Wege führen Menschen zu sich selbst, zueinander und zur Entwicklung von Perspektiven und Verantwortung hinsichtlich ihrer individuellen Situation, aber auch in Bezug auf ihr Eingebundensein in größere politische Zusammenhänge. Wenn Ruth C. *Cohn* heute von sich als Sozialmenschheitstherapeutin (WDR 3, 1998) spricht (nicht im Größenwahn, sondern im Wissen um die kleinen Schritte und den langen Atem, die notwendig sind, um nicht die Perspektive aus den Augen zu verlieren), erzielt New Dance durch Unter-

---

verschiedener Sparten ein Forum bot. Das Kollektiv entwickelte ein neues Selbstverständnis der TänzerInnen zu ihrer Rolle und zum eigenen Körper als Instrument. Experimentiert wurde mit Alltagsgesten und Fortbewegungsarten wie Rollen, Kriechen, Gehen, Fallen. Improvisation wurde fester Bestandteil des Trainings und auch bei Aufführungen.

richt und Performance, indem erforscht und gezeigt wird, was Menschen *bewegt* (im vielfachen Sinn des Wortes), sicher eine ähnliche Wirkung.

Beide Konzepte entspringen dem gleichen Menschenbild und einem Wertesystem, das auf der Grundlage der humanistischen Psychologie beruht, auch wenn dies im New Dance weniger benannt und dokumentiert wird, sondern sich schlicht in der Art und Weise des Lernens und Lehrens realisiert und in Choreographien sichtbar mitschwingt und seinen Ausdruck findet. Der Unterricht des New Dance verfolgt nicht ausdrücklich ein pädagogisches Konzept. Ziele und Inhalte und die menschliche Grundhaltung schaffen die Bedingungen für einen wohlwollenden und akzeptierenden Umgang mit sich selbst und miteinander. Die individuellen Möglichkeiten und Grenzen des Menschen werden geachtet, sie zu erweitern, neu zu gestalten und mit ihnen zu wachsen, geschieht durch Förderung der eigenen Initiativkräfte, nicht durch Anlehnung an ein äußeres Ideal. Die Fähigkeit, Verantwortung für sich selbst, das eigene Lernen und Handeln zu übernehmen, wird gestärkt und unterstützt. Was Ruth C. *Cohn* in ihrem ersten Postulat mit dem Begriff der *Chairpersonship* auf den Punkt bringt, wird im New Dance in einer Art Grundregel deutlich, die besagt, daß der eigene Körper im Tanz letztlich immer als wichtigste Autorität geachtet werden soll, mit seinem eigenen (Lern-)Tempo, seiner Belastbarkeit und seinen Belastungsgrenzen. Jeder Körper – und letztlich natürlich das ganze Individuum – hat seine eigene Geschichte, aufgrund derer „er" entscheidet, was für ihn gut ist, und was nicht.

Körper, Geist und Seele sind somit gleichwertige Aspekte einer Einheit und verlangen (genau wie im Strukturmodell der TZI) nach einem dynamischen Balancieren. Ein gut „funktionierendes" Kräftespiel ist die Basis für Wachstum und Entfaltung des gesamten kreativen Potentials. Ein dauerhaftes Ungleichgewicht führt zu Missachtung und Unterdrückung vitaler Kräfte und langfristig zu einer Schwächung des gesamten Systems.[5] Für die konkrete Arbeit mit Gruppen bedeutet das: So, wie die mitleitenden TeilnehmerInnen in TZI-Gruppen den Arbeitsprozeß gemeinsam gestalten, tragen und verantworten, werden auch im New Dance Choreographien zusammen entworfen und erarbeitet. Das kreative Potential jeder einzelnen Tänzerin wird hierbei zugleich gefördert und genutzt, so daß eine Choreographie entsteht, die von allen getragen wird und mit einem Maximum an innerer Überzeugung auf die Bühne gebracht werden kann. Zur Realisierung eines solchen Projektes braucht die Gruppe zunächst eine *Struktur,* die einen konkreten Rahmen schafft, eine Aufgabe, ein Ziel, eine bestimmte Herangehensweise an das Thema als Ausgangsbasis. Damit wird ein *Prozess* ermöglicht, in dem in vielen aufeinander aufbauenden und sich gegenseitig bedingenden kleinen Schritten etwas entstehen kann, das die Einzelne und die gesamte Gruppe im *Vertrauen* darauf, respektiert zu sein, ihre schöpferischen Ideen mitteilen und zeigen, und letztlich einem Publikum vorstellen kann.

Im Tanz geht es darum, aus diesem kreativen Potential ein künstlerisches Produkt, nämlich eine Choreographie zu erarbeiten. Sie kann in den Zuschauern wiederum ein Bewegt-Sein auslösen und über die Dauer der Vorstellung hinaus in deren Alltag und Lebenswelt hineinwirken. Kreativität in TZI-Gruppen hat ihrerseits eine große Bedeutung, was die lebendigen Prozesse persönlichen Wachsens und der Konfliktbewältigung betrifft. Im New Dance wird Kreativität vor allem durch Schulung der Wahrnehmungsfähigkeit und durch Improvisation gefördert. In der TZI spielt Improvisation keine so ausdrückliche Rolle – es wird jedoch in der

---

5   Ähnlich den vorgenannten Randgruppen einer Gesellschaft, die sich entweder auf offensive oder subtile, ja mitunter vollkommen passive Art und Weise ihre Kenntnisnahme erzwingen. Demokratie(sierung) ist demnach eine logische und notwendige Konsequenz, will man sich nicht durch die Folgen der eigenen Unachtsamkeit selbst behindern und matt setzen.

alltäglichen Praxis viel improvisiert, weshalb ich dieser Parallele zwischen beiden Konzepten einen eigenen Abschnitt widmen möchte.

Improvisation

Mit dem zweiten Postulat *Störungen haben Vorrang* verlangt die TZI die Bereitschaft, sich in ein Abenteuer zu begeben, in einen lebendigen Prozeß. Eine bislang existierende Struktur, welcher Art auch immer, wird in Frage gestellt. Alle weiteren Entwicklungen der Situation sind nicht voraussehbar und planbar, sie entstehen im Hier und Jetzt.

Improvisation ist die Komposition des Augenblicks, das Aufgreifen von Themen, Fragen und Ideen, die sozusagen in der Luft liegen und das bedeutet zugleich Risiko und Chance für das Gelingen des begonnenen Arbeitsprozesses oder Tanzes. In der Improvisation können sich Konzept und Spontaneität die Hand reichen. Linke und rechte Gehirnhälfte spielen miteinander, Struktur und Impuls, Chaos und Ordnung treffen zusammen. Was nicht authentisch ist oder keine innere Kraft erahnen lässt, hat keine Chance und wird nicht zur Reife gelangen.

In der Vorbereitung zu diesem Buch haben wir uns immer wieder getroffen, um uns auszutauschen, an dem gemeinsamen roten Faden zu spinnen, um voneinander zu lernen und Gedanken zusammenzutragen. Um das Thema *Improvisation* weiter zu durchdringen und den Bezug zwischen meiner tänzerischen Arbeit und dem Konzept der TZI deutlich zu machen, habe ich Kolleginnen um ihre Gedanken, Bilder und Assoziationen zu *Improvisation* gebeten. Die folgenden Impulse sind Früchte unseres gemeinsamen Spielens:

Das Wesen der Improvisation entspricht dem Bild vom durch die Luft getragenem Laub, das herumwirbelt, in Momenten der Stille zu einem ruhigen Bild zurückfällt, um erneut vom nächsten

Windstoß in Bewegung gebracht zu werden und in neuer Anordnung zur Ruhe zu kommen. Stelle dir jeden der folgenden Gedanken wie eine solche Windböe vor, die den Blick auf einen speziellen Aspekt der Improvisation lenkt. Lasse dir Zeit, diesen Gedanken sich setzen zu lassen, deine eigenen Bilder und Ideen dazu zu entwerfen, bevor du den nächsten Abschnitt liest. Wenn du magst, notiere dir deine eigenen Assoziationen ...

- Improvisation ist ein lebendiger, spielerischer Prozeß mit mehr oder weniger Struktur, in dem sich das Geschehen entfalten kann ... wer zuviel plant, den trifft der Prozeß ... und der Zufall ...
- Improvisation gelingt nicht unter Druck, sondern in einer Atmosphäre der Akzeptanz und Offenheit ... wenn ich mein Tempo selbst bestimmen kann ...
- Improvisation ist eher assoziativ als logisch und kausal, folgt einer eigenen Logik ... wie die Strömung des Wassers ... rechtshemisphärisch – linkshemisphärisch, Intuition, eine weise Quelle ...
- Improvisation neigt zum Chaos ... ist die Mutter alles Lebendigen ... lässt Neues entstehen ...
- Improvisation sorgt für Überraschungen, räumt unerwartete Wendungen des Geschehens ein ... Störungen haben Vorrang: wach sein für den Augenblick ... Zulassen und Loslassen, Vertrauen gewinnen ...
- Improvisation ist Kreativität ... mich selbst erleben im lebendigen Miteinander ...
- Improvisation ist der Geist des Genies, die Seele der KünstlerIn, der Körper des Kindes ... der kreative Funke ... die Freude am Lebendig-sein, das Erleben der Ganzheitlichkeit ... beherzt mit Hand und Fuß und Kopf ...
- Improvisation lebt vom Hier und Jetzt, von der Präsenz in Körper, Geist und Seele ... Achtsamkeit ... Zen-Geist ...
- Improvisation erlaubt die Dinge auf den Kopf zu stellen und aus

anderen Perspektiven zu betrachten ... mit dem dritten Ohr, mit dem dritten Auge ... da wird's erst richtig spannend ...

- Improvisation kennt weder richtig noch falsch ... du bist okay so wie du bist ...
- Improvisation entwickelt sich von Schritt zu Schritt ... TZI ist die Kunst der kleinen Schritte ... der Weg ist das Ziel ... das Bewegen ist das Ziel ...
- Improvisation heißt unterwegs sein ... neugierig bleiben ...

Themenzentrierte Interaktion in Bewegung

Zur Orientierung (Roswitha Massing)

Ausgangsbasis für eine Seminarreihe unter dem Thema „Einführung in die Themenzentrierte Interaktion – in Bewegung" war der Bedarf nach einer TZI-Fortbildung im *Bewegungs- und Kommunikationszentrum für Mädchen und Frauen* in Tecklenburg-Brochterbeck für die dort beschäftigten Kursleiterinnen von Sport-, Körper- und Bewegungsangeboten. Hierbei handelte es sich um Frauen mit unterschiedlicher Vorbildung, zum einen aus dem Schwerpunktbereich Sport, zum anderen aus der Pädagogik. Ferner richtete sich dieses Fortbildungsangebot an Frauen, die in anderen Einrichtungen als Leiterinnen von Sport-, Körper- oder Bewegungskursen mit Mädchen und Frauen tätig waren und sich intensiver mit der eigenen Rolle als Leiterin auseinandersetzen wollten. Die Vermittlung des Konzeptes der TZI als Möglichkeit frauen- und mädchenparteilicher Arbeit sowie die Reflexion des eigenen Leiterinnenbildes standen für die geplante Seminarreihe im Vordergrund. Die Teilnehmerinnen waren Übungsleiterinnen, Sportlehrerinnen sowie Mitarbeiterinnen des Projektes in Brochterbeck. Hinzu kamen einige Frauen, die Teilnehmerinnen anderer Kurse im Zentrum waren. Diese fühlten sich von unserem Thema und unserer Art des Bewegungsangebotes angesprochen. Vielleicht war besonders diesen Frauen das Zentrum zu einer „inneren Heimat" geworden, durch das sie Aufbruch und Unterstützung erlebt hatten? Während die Motivation der ersten Gruppe mehr in Richtung Kompetenzerweiterung für die Praxis ging, waren die Frauen der Gruppe der „Heimatsuchenden" eher an Erweiterung ihrer persönlichen Kompetenz interessiert. Letztere waren auch offener für die erlebnisbetonten Wege des lebendigen Lernens. Das gemeinsame Band der Gruppe war die Freude an der Bewegung und an der Entdeckungsreise, zusammen mit anderen Frauen Neues zu erleben und zu erfahren. Die o.g. unterschiedlichen Motivationen erwiesen sich als fruchtbar für unser Anliegen, prozeßhaftes Lernen zu vermitteln.

Unsere Einführung in die Haltung und Methode der TZI für Gruppenleiterinnen erstreckte sich über vier Wochenend-Seminare, die in einem Abstand von jeweils vier Wochen aufeinander folgten und aufeinander aufbauten. Wir haben diese Seminarreihe zweimal durchgeführt, Seminar I unter dem Thema *Den Fluß entlang gehen*, für Seminar II wählten wir den Titel *Beherzt mit Hand und Fuß*. Das jeweils erste Wochenend-Seminar sollte dem Zusammenfinden der Gruppe dienen, einen ersten Einblick in das didaktische System der TZI geben und mit deren Arbeitsweise vertraut machen: mit dem Lernen *in* Bewegung und *durch* Bewegung. Die beiden darauffolgenden Wochenend-Seminare (zweites und drittes Seminar) stellten das erste Postulat der TZI in den Mittelpunkt der Arbeit und, darauf aufbauend, das zweite Postulat. Während des vierten Wochenendes erprobten die Teilnehmerinnen ihre Erfahrungen und Erkenntnisse in Teamarbeit, bezogen auf die Grundeinstellung und Methodik der TZI. Der Aufbau der beiden Seminarreihen orientierte sich an vier thematischen Vorüberlegungen:

1. *Den Fluß entlang gehen*
   Wir machen uns miteinander vertraut und lernen miteinander die TZI in ihrer Haltung und Methode kennen
2. *Als Steuerfrau auf meinem Schiff*
   Wir geben dem Postulat der Chairpersonship Raum, Zeit und Bewegung
3. *Störungen nehmen sich Vorrang*
   Wir geben dem Störungspostulat Raum, Zeit und Bewegung
4. *In der TZI-Werkstatt*
   Wir planen und leisten kleine Werkstücke: TZI in Bewegung

Die Wochenend-Seminare begannen am Freitagabend und endeten am Sonntagmittag bzw. – im zweiten Durchlauf – am Sonntagnachmittag. Sieben bis acht Sitzungen standen uns jeweils zur

Verfügung. Die Zahl der Teilnehmerinnen – im Alter zwischen 25 und 60 Jahren – schwankte zwischen 12 und 16, denn nicht alle konnten an allen Wochenenden teilnehmen, einige stiegen erst am dritten Wochenende in das Seminar ein. In den Anfangssitzungen zu Beginn des jeweiligen Wochenend-Seminars mußten wir deshalb dafür sorgen, daß die Gruppe sich neu zusammenfand, neue Teilnehmerinnen integriert wurden bzw. den Anschluss (wieder) fanden. Der Brückenschlag zum vorausgegangenen Seminar war unter diesen Bedingungen immer wieder eine Herausforderung für uns. In einem späteren Kapitel wird Regina *Biermann* an einem Beispiel beschreiben, wie sie eine solche Integrationsarbeit gestaltet hat.

Einblicke in unsere bewegungszentrierte Themenwerkstatt
(Roswitha Massing)

Facetten

… den Fluß entlang gehen,
eintauchen, sich tragen lassen,
zwischen Quelle und Meer,
unterwegs sein.
Den Kompaß ausrichten.
Selbst steuern und mitgehen,
mit dem Wind,
gegen den Wind,
mit dem Strom,
gegen ihn.
In Stau geraten, neu ausrichten.
Loslassen,
und ins Trudeln geraten.
Neue Fahrt aufnehmen
zwischen Sicherheit
und Wagnis schwanken.
In Fluß bleiben,
dennoch.

Ich sehe das *Thema* und seine Rolle als das Herzstück an in unserer Arbeit mit Gruppen. Jede Entstehungsgeschichte eines TZI-Themas ist so einmalig wie das Thema selbst. Die einzelnen Kapitel einer solchen Entstehung gleichen Stufen eines schöpferischen Prozesses. Eine vage Idee, eine Frage nisten sich ein wie ein Keim. Der erste Einfall nimmt verschiedene Formen an, bis Gestalt und Gehalt sich einig sind. Habe ich erst das Thema, insbesondere das Oberthema eines Kurses gefunden und anschließend sprachlich ausformuliert, dann bin ich erleichtert, denn ich weiß nun um das Ziel des Kurses, weiß um seine Sinnmitte, und bin um den Weg nicht mehr besorgt; die strukturelle Ausformung eines so erarbeiteten Themas wird sich ent-wickeln. Die Zweiteilung des TZI-Themas in ein Oberthema und Unterthemen ist hilfreich für einen vielschichtigen Arbeitsprozess. Der erste Teil dient als Motor, als Antrieb, als Zugpferd. Dieses Zugpferd zieht den zweiten Teil wie ein Gespann nach sich. In dem Gefährt – sprich Unterthema – ist enthalten, *wer* mit *wem*, *was* erarbeiten will, was der Grund der Reise und was das Anliegen der Gruppe ist. Manchmal wird darin auch eine Wegbeschreibung vorgegeben oder eine Zielvorstellung anvisiert.

Für den Such- und Findungsprozeß zu einem Thema hin brauche ich gute Bedingungen. Zeit und Raum sind dafür wesentliche Faktoren. Ungezieltes Umherschweifen in inneren und äußeren Realitäten öffnet mich für Einfälle. Ich brauche gute Informationen zum sachlichen Hintergrund, brauche Informationen zur Gesamtsituation der TeilnehmerInnen, zur ökologischen Einbettung des Kurses. Es ist wichtig zu wissen, wo der Kurs stattfinden wird. Wenn möglich, sehe ich mir den Ort vorher an. Ich brauche guten Kontakt zu mir, zu meiner Mitleiterin oder Gesprächspartnerin. Das Gespräch mit ihr bewegt sich immer wieder an eine Möglichkeit heran und lässt wieder los. Ein Prozeß, der längere Zeit in Anspruch nehmen kann.

Während der Arbeit an der Formulierung sammle ich Einfälle, Schlag- oder Schlüsselwörter, lose Themenfragmente, die sich vielleicht verknüpfen lassen oder auch wieder wegfallen. Diese Art und Weise der Themenfindung gleicht einem ästhetischen Gestaltungsvorgang und sein „Produkt" trägt oft Züge einer kleinen Skulptur. Sie kann von wachsender Einheit sein, kann eine Prise Provokation enthalten, kann in aufweckender Frage formuliert sein, kann als Metapher Sinnräume eröffnen. Findungs- und Formulierungsprozeß sind ein sich gegenseitig durchdringender Schmiedevorgang, im weitesten Sinne ein künstlerischer Akt.

Im Rückblick betrachtet, haben sich die von mir beschriebenen „guten Bedingungen" eingestellt, und der Themenfindungsprozeß bekam einen stimmigen Rahmen. Auf diese Weise sind die beiden Oberthemen unserer Seminare im Gespräch zwischen R.B. und mir gewachsen. Sie nehmen in ihren sprachlichen Bildern das auf, worum es uns in doppelter Hinsicht ging: Lebendiges Lernen *durch* und *in* Bewegung.

In unserem ersten Entwurf eines Ausschreibungstextes formulierten wir:

Den Fluß entlang gehen ...
In diesem Kurs wollen wir dem Fluß eigener Bewegungsabläufe nachgehen und uns auf Bewegungs- und Entspannungsübungen einlassen, die uns in die Grundlagen der Themenzentrierten Interaktion einführen können. Wir werden miteinander die Erfahrungen reflektieren und auf die Kursarbeit in der Praxis übertragen.
Ein Weiterbildungskurs für Frauen, die Gruppen leiten.

Der Fluß als Symbol wurde zu unserem roten Faden, unserem inneren Leitbild, das auch die daraus folgenden Sitzungsthemen im Keim enthielt. Die Erläuterung des Themas gab Orientierung für unsere Zielgruppe. Sie wies über das Kennenlernen eines Lernmodells hinaus auf Möglichkeiten der Veränderung: *Den Fluß entlang gehen ...*

Der zweite Entwurf traf genauer das, was wir beabsichtigten:

Den Fluß entlang gehen ...
Mich selbst und andere zu leiten, fordert mich immer wieder heraus, im
lebendigen Wechsel von innerer und äußerer Bewegung und Ruhe zu
bleiben.
In bestimmten Bewegungs- und Entspannungsübungen lernen wir grundlegende Annahmen und Einstellungen der Themenzentrierten Interaktion
nach Ruth C. *Cohn* am eigenen Leibe kennen und machen uns mit einigen
methodischen Vorgehensweisen vertraut. Wir wollen das neu erworbene
Rüstzeug bewußt machen und auf unsere jeweilige Kursarbeit übertragen.
Ein Weiterbildungskurs für Frauen, die Gruppen leiten.

Das Thema *Den Fluß entlang gehen* ... hatte eine starke sinnstiftende Aufladung, so daß es uns sehr leicht fiel, adäquate „Sitzungs"-
themen zu formulieren. Die einzelnen Themen waren in ihrer Aus-
formulierung auf die vier Faktoren des TZI-Modells focussiert. Im
Wechsel dieser Focussierung lag die Chance, einen beweglichen
Gruppenprozeß zu erzielen. Die Themen entstanden im Wechselspiel mit den persönlichen und beruflichen Weiterbildungsbedürf-
nissen der Teilnehmerinnen und unserem Ziel, in die TZI einzu-
führen. Es wird deutlich, wie themenzentriertes Arbeiten auch ein
Steuern mit Hilfe des Themas sein kann.

Im folgenden gebe ich beispielhaft einen thematischen Überblick
über das erste Wochenend-Seminar: *Den Fluß entlang gehen* ....

1. Thema: Brücken schlagen, hierher, zu mir und zu dir.
2. Thema: Den Bach entlang gehen...Miteinander und mit dem Thema
   warm werden.
3. Thema: In Fluß kommen ... Ich suche mit euch mein Thema für dieses
   Wochenende.
4. Thema: Unser gemeinsamer Kompass: Die TZI, ein Steuerungsmodell
   für den lebendigen Lernfluß. Wir lernen seine Grundannahmen kennen.
5. Thema: Ich als Steuerfrau auf meinem Schiff: Die Chairpersonship,
   mein innerer Kompass.
6. Thema: Als Steuerfrau auf meinem Schiff. Ich leite mich, ich leite
   andere: das Strukturmodell der TZI und die dynamische Balance.

7. Thema: Neue Ladung an Bord: Was nehme ich mit für meine Arbeit vor Ort?
8. Thema: Endstation: Blick zurück und Blick nach vorn.

Für die Wiederholung der Seminarreihe suchten wir ein Thema, das den Aspekt des ganzheitlichen Lernens noch deutlicher machen sollte. R.B. hatte sich in einem vorausgegangenen Wochenendseminar mit dem *Herzen* als Zentrum des Fühlens, Denkens und Handelns beschäftigt. Wir sinnierten über seine handlungszentrierende Kraft, und wie wichtig es ist, unser ganzes Dasein und Handeln von unserer Herzkraft steuern zu lassen. Wir ließen uns von dem Sprachbild Hildegards von Bingen, der „Grünkraft des Herzens", inspirieren. Wir wollten durch unsere Formulierung zeigen, daß wir dem Körpererfahrungslernen den Vorrang geben wollten. So riskierten wir ein Sprachbild, eine „Themenskulptur", einem Torso ähnlich, das provozierend und handfest zugleich war.
Der erste Entwurf zum *Wiederholungs*seminar lautete:

Beherzt mit Hand und Fuß ...
Lebendig sein, lebendig lernen, lebendig leiten.
Einführung in die Themenzentrierte Interaktion

In einer späteren Formulierung erweiterten wir das Thema:

Beherzt mit Hand und Fuß und Kopf
Lebendig sein, lebendig lernen, lebendig leiten.
Einführung in die Themenzentrierte Interaktion

Wir nahmen in dieser zweiten Formulierung die Erkenntnis auf, daß unser Lernen durch Bewegung auch des bewußtmachenden Einsichtigwerdens bedarf, damit Einstellungs- und Verhaltensveränderung möglich werden. Ich habe damals für diese Erweiterung gesprochen. R.B., als Bewegungskünstlerin, hat diesen Erweiterungsvorschlag kritisch gesehen. Heute bin auch ich der Meinung, daß unser zweites Thema einen qualitativen Verlust erlitten hat. Denn *Beherzt mit Hand und Fuß* sagt als sprachliche Metapher viel mehr über die Art und Weise aus, wie man/frau in der Welt stehen und durch sie gehen kann, viel mehr als das von uns komplettierte Thema, das sich, so ausgeformt, vom imperativen Lebensprogramm unseres ersten Entwurfes entfernt und in ein komplettes visuelles Sprachbild verwandelt hat. Ich hatte der wirklichkeitsstiftenden Metapher mißtraut, hatte vermutet, daß die visuelle Vorstellung einer kopflosen Skulptur Kritik und Mißverständnis auslösen könnte.

Durch diesen Einblick in unsere Themenwerkstatt wird deutlich, wie sehr das Finden und Formulieren, also die Arbeit am Thema, eine Arbeit am inneren Sinnentwurf eines Kurses ist. Die Rolle des Themas ist also eine sinnstiftende und damit auch motivierende. Die Aufgabe aller daraus folgenden Themen, einschließlich der Unterthemen, war es, Orientierung und Beziehung zu stiften, also eine eigene Beziehung zur Sache zu finden, eine Beziehung zueinander zu finden, damit Anteilnehmen ermöglicht wird. Ein gelungenes Thema hat die Kraft, Sachlichkeit und persönliche Teilnahme zusammenzubringen. Denn lebendiges Lernen wird dann möglich, wenn aus der Sache mein, dein, unser persönliches Anliegen wird.

„Den Fluß entlang gehen ..." (Regina Biermann)

Bei den ersten Vorbereitungstreffen mit Roswitha *Massing* (R.M.) fanden wir in dem Thema *Den Fluß entlang gehen* ... Parallelen in unseren jeweiligen Arbeitsansätzen. *Den Fluß entlang gehen* ... war sowohl unser Symbol für ein prozeß- und teilnehmerinnen-orientiertes Lernen und Arbeiten in der geplanten Seminarreihe, als auch für das Zusammenfließen zweier Strömungen, nämlich der Themenzentrierten Interaktion und der Bewegungsarbeit, aus denen im Sinne der Kooperation *ein* Strom entstehen sollte.

- *Im-Fluß-Sein* – Exkurs New Dance

Das Fließen-Lassen der Bewegung ist ein wesentliches Basiselement des New Dance, auf dem viele weitere tänzerische Möglichkeiten aufbauen. Damit ist eine Durchlässigkeit des Körpers gemeint, die erlaubt, daß sich die Bewegung jeder Zelle auf jede andere überträgt. Dies ermöglicht, daß Bewegung von einem Körperteil in den anderen fließen kann, so daß eine Bewegung, die z.b. im rechten Bein beginnt, sich durch die ganze Wirbelsäule bis in den Kopf und in die Fingerspitzen fortsetzt, ohne einen zusätzlichen Impuls zu benötigen. Damit das gelingen kann, ist ein harmonisches Verhältnis von Spannung und Entspannung in den Gelenken und in der Muskulatur notwendig, sowie eine innere Gelöstheit, die auch den Fluß der Energie ermöglicht. Sich auf diese Art und Weise zu bewegen, erzeugt ein Balancieren von Aktivität (Impuls) und Passivität (Loslassen) und ist damit nicht nur ökonomisch, sondern die Bewegung folgt gewissermaßen ihrer eigenen Natur.

Fließende Bewegungen sind in allem Lebendigen wiederzufinden. Im gesunden menschlichen Organismus fließen außer den „Körpersäften", wie Blut, Lymphe, Drüsensekrete etc., auch der Atem und Energie. Bewegungsabläufe, wie gehen, laufen, schwimmen, sind von ihrer Natur her rhythmisch fließend.

Auch in unserem Sprachgebrauch spiegelt sich die Bedeutung des Wassers als Symbol für einen ausgeglichenen Körper- und Geisteszustand wider: *sich wie ein Fisch im Wasser fühlen* oder *im Fluß sein* bedeutet, es geht mir gut, es ist ein Zeichen für Aus-ge*wogen*heit und für Gesundheit.

Durch Bewegung können wir umgekehrt auch den inneren Fluß fördern und harmonisieren. Nicht zuletzt diese Tatsache macht die Befriedigung aus, die wir im Sport, Tanz oder bei einem einfachen Spaziergang erfahren.

Im New Dance bezieht sich das Fließen nicht alleine auf die Bewegungsqualität, sondern ebenso auf das zugrunde liegende

Unterrichtskonzept. Die Bewegung beginnt meistens am Boden, entwickelt sich von der Mitte des Körpers in die Peripherie, vom Boden zum Stand und vom Körperraum in den äußeren Raum. Hierin folgt New Dance der Bewegungsentwicklung des Menschen vom Fötus bis zum aufrechten Gang (vgl. Exkurs Body-Mind Centering).

So, wie sich die körperliche Entwicklung des Menschen vom ersten Moment seiner Existenz an entfaltet, vollziehen sich auch alle anderen Wachstums- und Reifungsprozesse: organisch fließend. Erst wenn bestimmte Stadien abgeschlossen sind, kann etwas Neues reifen, was wiederum die Basis für zukünftige Entwicklungen darstellt. Wachstum scheint manchmal auch explosionsartig zu erfolgen, man spricht von Wachstumssprüngen. Diese Entwicklungen gründen allerdings auch auf der soliden Basis von Reifungsprozessen, die einen plötzlichen Wachstumsschub erst ermöglichen. Springen im Sinne von Überspringen läßt Brüche entstehen, die wie fehlende Glieder eine Kette brüchig machen können.

Eine Tanztechnik, die den Menschen als Ganzes wahrnimmt, läßt den Lernenden Zeit und Raum für persönliche Entwicklungsprozesse. Sowohl die einzelne Unterrichtseinheit als auch ein größerer Lernabschnitt (Ausbildung, Semester, Kursphase) haben ihren eignen Fluß. Einzelne Elemente bauen aufeinander auf, ihre Abfolge hat eine innere Logik, sie läßt sich mitvollziehen.

Zur Verdeutlichung: Ein rein funktionelles Warm-up, das zwar die einzelnen Muskeln, Gelenke etc. gut vorbereitet, in dem es jedoch häufig Sprünge von einem Körperteil in den anderen oder von einer Raumebene in die andere gibt, verhindert ein In-Fluß-Kommen. Es spricht immer nur einzelne Teile oder Systeme des Körpers an, schafft jedoch unter ihnen keine Verbindung _ so auch nicht zwischen Körper, Geist und Seele.

Wie auch in der TZI wird im New Dance Lernen und Wachsen als ein, den Menschen in seiner Ganzheit betreffenden, organischer Prozeß verstanden. Die Kooperationsfähigkeit einer Gruppe entwickelt sich vom ersten Zusammentreffen bis zum Abschluß jeder einzelnen Unterrichts- oder Seminareinheit, aber auch bis zum Ende des gesamten Lernprozesses in aufeinander aufbauenden Schritten. Jede kann Ein*fluß* nehmen und den Prozeß der Gruppe mitgestalten.

Die Kunst, eine Gruppe und jede Teilnehmerin so zu leiten, daß ein lebendiges Miteinander-im-Fluß-Sein gelingt, wurde Thema und Ziel unserer Seminarreihe *Den Fluß entlang gehen ...* In der Anfangsphase unseres Seminars einen Spaziergang am Bach entlang einzuplanen, war also naheliegend. Und das im wahrsten Sinne des Wortes, da dieser direkt am Grundstück des *Bewegungs- und Kommunikationszentrums für Mädchen und Frauen* entlang läuft. Außerdem konnten wir auf diesem Weg verschiedene Gelegenheiten nutzen, um dem Seminar einen schwungvoll fließenden Start zu ermöglichen. Wir schufen Raum und Zeit, um bewußt anzukommen und Bewegung, Atem und Energie *in Fluß* zu bringen. Zugleich gab der Spaziergang Orientierung über die unmittelbare Umgebung des Zentrums. Durch die Beobachtung des Baches, seiner Ufer und der Bewegung des Wassers, konnte ein sehr lebendiger, persönlicher Bezug zum Thema in Gang kommen. Wir regten die Seminar-Teilnehmerinnen dazu an, dem Bachlauf bis zur (wenige hundert Meter entfernten) Quelle zu folgen – zunächst jede für sich – die Aufmerksamkeit auf den Bach gerichtet, um die eigenen Bilder entstehen und Assoziationen fließen zu lassen. Dabei gaben wir folgende Impulse mit auf den Weg:

- Was hat mich bewegt, an diesem Ort, zu diesem Seminar zu kommen?
- Auf dem Weg zur Quelle, von der Quelle ins Tal: was beachte ich, nehme ich wahr, was fällt mir dazu ein?
- Vom Wasser haben wir's gelernt? Oder was hat mir der Bach zu sagen?

Aus den von den Teilnehmerinnen in der anschließenden Reflexion zusammengetragenen Gedanken wurden Inhalte und Themen für die weiteren Seminareinheiten formuliert. Einige Beispiele daraus verdeutlichen, wie das Oberthema *Den Fluß entlang gehen ...* die zahlreichen Grundthemen der TZI symbolisieren kann:

- „Wenn der Bach seiner eigenen Natur folgen kann, fließt er nie einfach geradeaus, sondern schlängelt sich in Mäandern durch die Landschaft; übertragen auf die Arbeit einer Gruppe stelle ich mir vor, daß auch hier das Rechts-und-Links-Gucken mehr der Natur des Lernens entspricht, als ein sehr leistungsorientiertes Nur-Geradeaus-Denken."

- „Mir ist besonders aufgefallen, daß das Wasser immer in Bewegung bleibt, mal schneller, mal langsamer, je nachdem, ob der Fluß enger oder breiter wird. Das hat mich daran erinnert, daß auch das Zusammenarbeiten in einer Gruppe mal mehr, mal weniger fließend sein kann. Vom Wasser können wir vielleicht lernen, uns weniger festzubeißen, wenn nicht alles sofort klappt, sondern darauf zu vertrauen, daß wir den Fluß wiederfinden."

- „Das Wasser dieses Baches war sehr klar, man konnte immer bis auf den Grund sehen. Dazu ist mir eingefallen, daß ich mich in einer Gruppe wohler fühle, in der die Leitung ihre Rolle und ihre Absichten oder ihre Methoden transparent macht. Dann fällt es mir leichter, mich einzulassen."

Nachdem die Teilnehmerinnen durch den Gang am Bach entlang und der anschließenden Reflexion, sowie dem Transfer zum Thema *Leiten von Gruppen* eine eigene Vorstellung von prozessorientierter Gruppenarbeit entwickelt hatten, wuchs ihr Interesse, mehr über das Konzept der TZI zu erfahren. Die eigene Erfahrung und Reflexion des Bachspaziergangs bildeten eine gute Grundlage für die Auseinandersetzung mit den theoretischen Zusammenhängen. Mit einem Impulsreferat und einer Wandzeitung gab Roswitha *Massing* einen Überblick über den sozialen und politischen Kontext, in dem Ruth C. *Cohn* Haltung und Methode der TZI entwickelt hat, sowie über Strukturmodell, Axiome, Postulate und Hilfsregeln:

„Bleiben wir im Bild des Flußlaufes, werden die Axiome, die Ruth C. *Cohn* als Fundamente der TZI formuliert hat, vom Flußbett symbolisiert, das

Halt und Boden gebend die Voraussetzungen für den Lern-, Arbeits- und Wachstumsprozeß einer Gesellschaft oder Gruppe schafft. Auf dieser Basis kann sich prozeßhaftes Lernen und Leiten vollziehen, das ein ewiges Werden und Sich- verändern aller Dinge erlaubt, wie das Wasser des Flusses, das sich – von seinem Bett getragen und geleitet – doch seinen eigenen Weg bahnt."

Im weiteren Verlauf der Seminarreihe wurden das erste Axiom, das Strukturmodell und die beiden Postulate der TZI durch Bewegungsgestaltung und Gespräche leibhaftig und lebendig erfahrbar. Bei der Themenfindung war das Bild vom Flußlauf immer wieder hilfreich, um die Zusammenhänge greifbar und anschaulich zu gestalten. Zunächst beziehe ich mich im folgenden auf das erste Axiom.

Wenn neue Zuflüsse dazu kommen – Autonomie und Interdependenz

Im Verlauf der Seminarreihe kamen zu Beginn des dritten Wochenendes drei neue Teilnehmerinnen in die Gruppe. Im Bild des Flusses gesprochen: ein Fluß (die bereits bestehende Gruppe) bekommt neue Zuflüsse (die einzelnen neuen Teilnehmerinnen). Um ihnen und der bestehenden Gruppe die Möglichkeit zu geben, bewußt mit dieser Situation umzugehen und zugleich die Integration der dazugekommenen Teilnehmerinnen zu fördern, machten wir dies zum Thema einer Arbeitseinheit.

Eine Bewegungsimprovisation stellte, wie im Zeitraffer, die Entwicklung der Gruppe bis zum aktuellen Zeitpunkt nach und ließ in der Bewegung eine mögliche Version der Integration der neuen Teilnehmerinnen entstehen. Dazu verteilten sich alle Frauen im Raum, indem sie sich einen Platz suchten, der möglichst ihrer augenblicklichen Nähe und Distanz zu den anderen Teilnehmerinnen entsprach. Danach hatte jede Zeit, sich auf sich selbst zu besinnen: wie und wo stehe ich jetzt? In der folgenden geleiteten Bewegungssequenz begannen zunächst die „alten" Teilnehmerinnen sich zu bewegen – erst jede für sich – und nahmen dann Kontakt zueinander auf, bis sie sich als Gruppe schließlich gemeinsam durch den Raum bewegten. Hierbei erhielten die „neuen" Teilnehmerinnen einen Eindruck von der Bewegung, die sich in der Gruppe bis zu diesem Zeitpunkt entfaltet hatte. Es wurde für sie transparent, daß auch dieser Fluß zunächst aus einzelnen Zuläufen bestanden hatte, die sich erst einmal zusammenfinden mußten. Zugleich konnte jede der neuen Frauen ihren eigenen Empfindungen nachgehen, die mit ihrer Situation, als Teilnehmerin in einen bestehenden Gruppen-Fluß zu kommen, verknüpft waren. Nach einiger Zeit konnten sowohl von den „Neuen" als auch von den „Alten" Impulse der Begegnung ausgehen, jede im für sie stimmigen Tempo und Ausmaß, bis letztlich die ganze Gruppe so im

Bewegungsfluß war, daß kaum noch Unterschiede zwischen bisherigen und neu hinzugekommen Teilnehmerinnen wahrzunehmen waren.

Im Anschluß an diese Bewegungsgestaltung kam die Gruppe zur Reflexion zusammen, in der sich viele positiv über die Transparenz äußerten, die die Situation für sie bekommen hatte. Einige der neu hinzugekommenen Teilnehmerinnen zeigten sich erleichtert darüber, daß sie soviel Bereitschaft zur Integration bei den „Alten" gespürt hatten, einige der bisherigen Teilnehmerinnen äußerten, daß es hilfreich war, die Bedeutung der Situation für die „Neuen" *leibhaftig* erlebt zu haben, um bewußter auf sie zugehen zu können. Außerdem wurde durch die Bewegungssequenz die Bedeutung der einzelnen Teilnehmerin für die gesamte Gruppe deutlich, sowie umgekehrt auch die Abhängigkeit von der Gruppe: also das Wechselspiel von Autonomie und Interdependenz. So, wie mit jedem Bach, der in einen Fluß einmündet, sich dessen Wasser verändert, entsteht mit jeder neuen Teilnehmerin eine Veränderung in der Gruppe.

Im Rahmen unserer Seminarreihe stellte – wie bereits erwähnt – R.M. durch ein Impulsreferat u.a. auch das Strukturmodell der TZI vor. Im folgenden wollen wir zeigen, wie anschließend das Strukturmodell *in Bewegung* geriet.

Das Strukturmodell und die dynamische Balance – Ein Modell, das Beweglichkeit bedeutet (Regina Biermann)

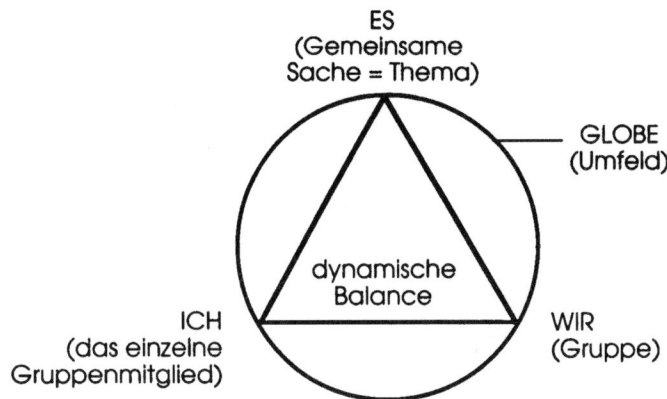

Die beiden Worte *dynamische Balance* sind Bewegungsbegriffe. Das aus dem Griechischen stammende Wort Dynamik bedeutet „Lehre von der Bewegung bzw. Kraft"; das Wort *dynamisch* meint „energiegeladen, voll innerer Spannkraft, mächtig, kräftig, wirksam ...". *Balance* bedeutet Gleichgewicht, wobei sich im Verb *balancieren* mehr der aktive, um das Gleichgewicht ringende Aspekt der Bewegung ausdrückt, um den es wohl Ruth C. *Cohn* auch im wesentlichen ging. *Dynamische Balance* verlangt daher nach Bewegung, will man (ich) ihre Bedeutung verstehen und verinnerlichen.

Beim Betrachten der Grafik des Strukturmodells (siehe oben) stellten wir Leiterinnen uns zunächst drei Personen vor, die sich an den Händen haltend im Kreis bewegen. Mit dieser Ausgangsposition entwickelten wir eine Folge von Wahrnehmungs- und Bewegungsaufgaben, die die verschiedenen Dimensionen des Modells leibhaftig erfahrbar werden ließen.

Anleitung und Durchführung der Bewegungsaufgabe zum Strukturmodell

Während der Einführung in das TZI-Strukturmodell mit Hilfe einer Wandzeitung hatten die Teilnehmerinnen Gelegenheit, sich gedanklich mit dem Modell auseinanderzusetzen und einen ersten persönlichen Bezug herzustellen. Darauf folgte eine Aufwärmphase, die einen Übergang von der geistigen auf die körperliche Ebene vorbereiten sollte. Zugleich konnte jede Teilnehmerin hierdurch stärker mit sich selbst und mit den anderen Frauen in Kontakt kommen.

Körperliche Hinführung zum Thema

- Strecke deinen ganzen Körper, so daß viel Raum entsteht und du tiefer durchatmen kannst.
- Stelle dich entspannt hin und klopfe deinen ganzen Körper ab, zuerst Kopf, Gesicht, Nacken und Hals, dann Schultern, Arme und Hände, Brustkorb, Bauch und Becken und soweit du kannst auch deinen Rücken, die Seiten deines Rumpfes, dann Po und Oberschenkel, Unterschenkel und zum Schluß die Füße. Jetzt streiche deinen ganzen Körper noch einmal aus, von oben nach unten, so daß du alles, was dein Körper nicht mehr braucht, abgibst (Müdigkeit, Angespanntheit...), streiche es aus dem Kopf, aus den Händen, aus den Füßen. Dann streiche in entgegengesetzte Richtung, von unten nach oben, als wolltest du wie ein Baum frische Energie aus der Erde, aus der Luft tanken.
- Halte inne und spüre deinen Atem und den Boden unter deinen Füßen.
- Gehe nun kreuz und quer durch den Raum, gehe deinen eigenen Weg und finde dein eigenes Tempo.
- Richte mehr und mehr die Aufmerksamkeit nach außen, auf den Raum, auf die anderen, ohne den Kontakt zu dir selbst zu verlieren.
- Nimm Kontakt zu den anderen Teilnehmerinnen auf, erst Blick-

kontakt, dann gib jeder Frau im Vorübergehen die Hand, spüre dich selbst, nimm die anderen wahr.

- Finde im Gehen zwei Partnerinnen, mit denen du die nächste Bewegungsaufgabe zusammen gestalten willst.

Danach stellten wir noch einmal Bezug zu unserem Thema „Strukturmodell ..." her und baten die Teilnehmerinnen sich vorzustellen, daß sie nun stellvertretend für die drei Pole ICH, WIR, ES ein Dreieck formen und ein sich bewegendes System bilden:

- Stellt euch in ein Dreieck, so wie ihr es an der Wandzeitung im Strukturmodell seht.
- Es ist nicht wichtig, zu verteilen, wer für das ICH, WIR, ES steht, sondern stelle dir vor, du bist ein Pol in diesem Gefüge.
- Nimm dir nun einen Moment Zeit und wenn du magst, schließe deine Augen, komme innerlich zur Ruhe und gehe mit deiner Aufmerksamkeit in deinen Körper. Lasse in der folgenden Bewegungssequenz deinen Körper sich ausdrücken und die Führung übernehmen; jetzt öffne deine Augen wieder.
- Fasse deine beiden Partnerinnen an den Händen, stellt miteinander einen Bezug her zwischen ICH, WIR, ES, alle drei Pole sind jetzt miteinander verbunden. Bleibt eine Weile so stehen; spüre dich selbst und spüre den Kontakt zu deinen Partnerinnen.
- Du kannst nun allmählich damit beginnen, dich zu bewegen. Folge dabei deinen eigenen Impulsen, spüre deinen Atem und den Boden unter dir.
- Spüre auch die Bewegung deiner Partnerinnen.
- Beginne ein Spiel mit deinen eigenen Impulsen und denen der anderen, spüre den Zusammenhang zwischen deiner und der Bewegung deiner Partnerinnen, sei mal aktiv, mal passiv.
- Sei authentisch, bleibe wach, bleibe neugierig, probiere aus, was du möchtest, sei erfinderisch, spiele, du kannst es nicht richtig oder falsch machen.

- Wenn du willst, riskiere etwas, spüre, wie du Einfluß nehmen kannst; wo soll es hingehen?
- Es kann passieren, daß sich euer Gefüge lockert, vielleicht laßt ihr für eine Weile eine Hand oder beide Hände los. Spüre, was sich dadurch verändert.
- Kommt wieder in eurem System zusammen: wie ist es jetzt?
- Richte einen Teil deiner Aufmerksamkeit nach außen, es gibt noch andere Systeme hier im Raum. Es gibt den Boden, die Wände, das Licht, nimm die äußeren Einflüsse wahr, den GLOBE, laß dich noch mal davon bewußt in Bewegung bringen.
- Kommt allmählich zur Ruhe. Bleibt noch eine Weile in Stille zusammen, bevor ihr euch voneinander löst.
- Wenn du magst, schließe deine Augen, spüre in dich hinein, spüre den Kontakt zu den beiden anderen. Lasse nun die Hände los und komme ganz zu dir, spüre deinen Atem und den Boden unter dir; jetzt öffne deine Augen.
- Sucht euch einen Platz, an dem ihr in der Kleingruppe das Erlebte reflektieren wollt.

Reflexion

Dazu erhielten die Teilnehmerinnen folgende Fragen, die für die Reflexion eine Hilfe und die spätere Auswertung im Plenum eine Vorbereitung darstellten:

– Wie ist es mir persönlich während der Bewegungsaufgabe ergangen?
– Wie habe ich meine Partnerinnen, den Kontakt zu ihnen – die beiden anderen Pole – erlebt?
– Was habe ich in Bezug auf das Strukturmodell durch die Bewegung erfahren?
– Welche weiteren Gedanken oder Fragen habe ich dazu?

Im Zentrum der Auswertung im Plenum standen der Bezug zum Strukturmodell und weiterführende Gedanken und Fragen. Die Erfahrungen der zwölf Frauen bzw. der vier Kleingruppen wurden ausgetauscht, wodurch der eigene Hintergrund erweitert und die Lerninhalte vertieft werden konnten.

In der Reflexion wurde deutlich, wie unbefriedigend der Gruppenprozeß für alle Beteiligten blieb, solange eine starke Dominanz von einem der drei Pole ausging, und dadurch die anderen beiden Pole kaum oder gar nicht zum Tragen kamen. Am lebendigsten wurde der Prozess von jener Gruppe erlebt und auch geschildert, in der das Kräftespiel von allen gleichermaßen in die Hand genommen wurde, ohne dabei die Impulse der Partnerinnen außer Acht zu lassen.

Die Teilnehmerinnen konnten ferner die persönlichen – am eigenen Leibe gemachten – Erfahrungen auf das Strukturmodell übertragen und auch dort die Notwendigkeit und den Wert der dynamischen Balance erkennen und verstehen:

> „Wir haben in unserer Gruppe fast richtig miteinander gerauft, ..., dann hat es sich irgendwann so entwickelt, daß immer eine ein bißchen mehr Impulse gegeben hat, ..., immer hat wieder eine andere für eine Weile die Führung oder Verantwortung übernommen, das fand ich sehr angenehm. Dabei hatte ich auch am stärksten das Gefühl von dynamischer Balance. Wenn ich mir vorstelle, daß eine Gruppe so arbeitet, muß das sehr befriedigend sein, weil dann alle und alles – also ICH, WIR, ES – zum Tragen kommen, sogar wörtlich: tragen und getragen werden."

Zugleich waren einige Teilnehmerinnen dazu angeregt worden, ihr persönliches Verhalten in der Bewegungsaufgabe im Hinblick auf Situationen ihres beruflichen oder privaten Alltags zu reflektieren:

> „... ich war immer nur damit beschäftigt auszugleichen, dabei hätte ich vielleicht gerne selber Impulse gegeben. Das gibt mir richtig zu denken, ich kenne das von mir, ..., ich leiste oft Beziehungsarbeit und komme selber zu kurz und auch aus meiner Balance."

Außerdem wurde hervorgehoben, wie positiv die Bewegungsarbeit zum Verstehen der Lerninhalte beigetragen und eine Vertiefung bewirkt hat:

> „Es war toll, das Thema mit dem Körper so leibhaftig zu erleben, die Aufgabe hat mir ganz deutlich gemacht, was Balance in einem System bedeutet. Dynamische Balance bedeutet nämlich nicht, wie eine Waage, die auf beiden Seiten gleiches Gewicht hat, in einen Stillstand zu kommen, sondern vielmehr ein ständiges Sich-Bewegen, Fließen, Ausgleichen, genauso wie wieder auseinandergehen."

Sei Deine eigene Chairperson – Leite Dich selbst in eigener Verantwortung (Regina Biermann)

Selbstbestimmtheit, Eigenverantwortlichkeit und Authentizität stellen sowohl in der TZI, als auch im New Dance grundlegende und bedeutsame Werte dar. Insbesondere unter dem künstlerischen Aspekt des Tanzes sind sie Voraussetzung für eine kreative Gestaltung. Zugleich kann die Arbeit mit dem Körper und vor allem mit Bewegung auch den Prozeß der Selbstleitung unterstützen. Körperbewußtsein und Selbstbewußtsein wachsen zusammen und bedingen sich gegenseitig.

Der Bewegungssequenz zum Thema *Sei Deine eigene Chairperson – Leite Dich selbst in eigener Verantwortung* gingen wiederum eine Einführung ins Thema und ein Kurzreferat über Begriff und Bedeutung des ersten Postulats von Ruth C. *Cohn* voraus. Die Bewegungssequenz bestand aus drei Abschnitten, die jeweils im Anschluß reflektiert wurden:
- Authentische Bewegung
- Ich leite mich und dich und lasse mich von dir leiten
- Gänsepulk – Ein dynamisches Balancieren zwischen Selbst- und Fremdleitung

Authentische Bewegung

Authentische Bewegung ist eine, ursprünglich in einem therapeutischen Kontext entstandene, im New Dance für künstlerisches Arbeiten verwandte Methode. Sie fördert ein „mit-sich-selbst-in-Kontakt-sein" und kann dadurch das dem Menschen innewohnende kreative Potential zugänglich und umsetzbar machen.

Die Bewegungsaufgabe wird mit einer Partnerin durchgeführt. Eine Frau bewegt sich dabei mit geschlossenen Augen möglichst frei im Raum, die Partnerin hat die wichtige Aufgabe, sie zu schützen. Ziel ist, von innen heraus den eigenen Impulsen zu folgen. Nachdem die Teilnehmerinnen eine einführende Information hierzu bekommen haben, finden sie sich zu zweit zusammen und entscheiden zunächst, wer beginnen wird. Durch die fünfzehn Minuten dauernde Bewegungssequenz werden beide Partnerinnen durch sparsame verbale Impulse geführt bzw. begleitet:

Impulse an die Sich-Bewegende

- Suche dir einen Ort im Raum, an dem du mit der Aufgabe beginnen möchtest.
- Setze oder lege dich bequem auf den Boden, schließe deine Augen und nimm dir eine Weile Zeit, dort anzukommen.
- Spüre deinen Atem und spüre den Boden unter dir; dein Atem und der Boden geben dir Orientierung und Sicherheit.
- Vielleicht kannst du es dir noch bequemer machen.
- Für die nächsten fünfzehn Minuten gibt es nur eine Aufgabe: Bewege dich so, wie du es magst, folge den Impulsen deines Körpers, d.h. lasse deinen Körper machen, was er will, was du *denkst*, ist im Moment nicht wichtig, schon gar nicht, was andere denken.
- Deine Partnerin ist da, um dich zu schützen, davor, daß du mit einer anderen Person zusammenstößt oder davor, daß du

unsanft auf einen Gegenstand oder die Wände dieses Raumes triffst; sie ist nur für dich da.

- Du kannst die Augen öffnen, wenn du das Bedürfnis hast, wenn du dich unsicher fühlst.
- Nun folge deinem Körper, lasse dir Zeit.
- Spüre, welche Bewegungen dein Körper machen will; was fühlt sich gut an?
- Du kannst es nicht richtig und nicht falsch machen.
- Du machst es nur für dich.
- Folge deinem Wohlbefinden. Das Ganze ist ein Spiel.
- Wenn dich irgend etwas irritiert, spüre deinen Atem und den Boden unter dir.
- Du hast die Freiheit, dich durch den ganzen Raum zu bewegen, schnell oder langsam, aufrecht oder am Boden...
- Du hast jetzt noch ein bis zwei Minuten Zeit, finde noch einmal einen Ort, an dem du zur Ruhe kommst.
- Nun öffne allmählich deine Augen, lasse dir Zeit, wieder hier anzukommen.

Impulse an die Begleiterin

- Sei dir jederzeit deiner Verantwortung für deine Partnerin bewusst.
- Sei da, bevor deine Partnerin sich irgendwo stößt; zeige ihr mit deinen Händen, daß sie sich etwas oder jemandem nähert, dann kann sie selbst entscheiden, ob sie sich vorsichtig darauf zubewegen will oder nicht.
- Lasse deiner Partnerin soviel Raum wie möglich.
- Habe auch ein wenig die anderen Personen im Blick.
- Wenn deine Partnerin sich so schnell bewegt, daß du sie nicht mehr sicher schützen kannst, zeige oder sage es ihr.
- Spüre auch du deinen Atem und den Boden unter dir ...

Nachdem die erste Partnerin sich bewegt hat, werden zunächst die Rollen getauscht. (Durch eine Zwischenreflexion bekäme die zweite Partnerin unter Umständen so viele subjektive Eindrücke, daß ihre Erwartungen in eine bestimmte Richtung geprägt würden).

Auswertung im Plenum

In der anschließenden Auswertung im Plenum äußerten die Teilnehmerinnen, daß die Bewegungsaufgabe eine Hilfe für sie war, die eigenen Impulse wahrzunehmen und ihnen zu folgen. Sie erlebten die Aufgabe als sehr stärkend für das Selbst-Bewußt-Sein und wurden zugleich mit ihren sich selbst auferlegten Beschränkungen konfrontiert. Ferner erkannten sie Verhaltensmuster, die sie auch in Bezug zu Alttagssituationen setzen konnten:

> „Wenn ich mich ganz auf mich selbst konzentrieren kann, fällt es mir meistens leicht, meine eigenen Impulse und Bedürfnisse zu spüren. Dann kann ich entscheiden, ob ich das eine oder das andere tun will. Viel komplizierter wird es für mich, wenn ich im Kontakt mit anderen spüren will, was ich selbst brauche oder wonach mir der Sinn steht."

Ich leite mich und Dich und lasse mich von Dir leiten

Im zweiten Abschnitt der Bewegungssequenz zum Chairperson-Postulat beschäftigten wir uns mit der Kunst des Leitens und Sich-Leiten-Lassens. Zu den eigenen Impulsen kamen nun äußere Impulse hinzu. Es galt, in einem Wechselspiel, mal den eigenen Impulsen, mal denen der Partnerin zu folgen.

Auch diese Bewegungsaufgabe wurde nonverbal durchgeführt, um die Aufmerksamkeit auf den Prozeß der Bewegung zu lenken und auch hierin die vielen Möglichkeiten auszuschöpfen und kreative Lösungen zu entdecken. Dazu fanden sich wieder zwei Partnerinnen zusammen und stellten sich gegenüber:

- Zunächst wird eine von euch beginnen zu leiten, nach etwa fünf Minuten werden die Rollen getauscht. Diejenige, die führt, läßt sich von ihren eigenen Impulsen leiten, die andere wird so genau wie möglich diesen Bewegungen folgen, so als wäre sie ein Spiegelbild. Halte dabei Blickkontakt und nimm die Bewegungen der Partnerin mehr aus den Augenwinkeln wahr, so daß du möglichst gleichzeitig den ganzen Körper deiner Partnerin siehst.

Impulse an die Leitende

- Bewege dich langsam, mache einfache Bewegungen, so daß deine Partnerin dir folgen kann.
- Lasse deine Bewegungen fließen, so wie auch deinen Atem.
- Spüre die Grenzen deiner Partnerin und achte sie.
- Bleibe im Blickkontakt.

Impulse an die Folgende

- Folge deiner Partnerin so genau wie möglich, erfasse ihre Bewegungen mit deinen Augen und spüre wie sie ihr Gewicht verlagert.
- Entspanne dich in der Bewegung und bleibe zugleich sehr wach.
- Spüre und achte die Grenzen deiner Möglichkeiten.

Nachdem die Rollen getauscht wurden

- Löst die Rollenverteilung auf und wechselt frei zwischen Führen und Folgen.

Mal gibt die eine, mal die andere die Bewegung vor, ohne daß ihr dazu die Sprache oder nonverbale Zeichen benutzt. Spielt mit dem Wechsel zwischen Selbst- und Fremdleitung. Spüre, was für dich angenehmer, leichter oder selbstverständlicher ist, zu leiten, oder dich leiten zu lassen.

Zur Reflexion der Bewegungsaufgabe mit der Partnerin erhielten die Teilnehmerinnen folgende Fragen als Orientierung:

- Was liegt dir mehr, leiten oder dich leiten lassen? Was fällt dir leichter? Was magst du lieber?
- Wie gelingt es dir, die Leitung zu übernehmen, wenn gerade die andere leitet?
- Welche Parallelen siehst du zu Alltagssituationen im Beruf oder Privatleben?

Fragen für die Auswertung im Plenum:

- Was möchtest du von deinen Erfahrungen mit den anderen teilen?
- Welche Anstöße, Anregungen hat diese Aufgabe dir für dein Leiten in anderen Situationen gegeben?

Die Teilnehmerinnen äußerten, daß die Bewegungsaufgabe ihnen sehr geholfen habe, klar zwischen Momenten der Selbst- und Fremdleitung zu unterscheiden. Darauf aufbauend konnten sie leichter und selbstverständlicher die Rollen wechseln. Im Transfer zum Leitungsverhalten im Alltag wurden eigene Verhaltensmuster reflektiert:

„In meinem Alltag, z.B. im Beruf, erlebe ich es oft, daß die anderen sich die Leitung gar nicht aus der Hand nehmen lassen wollen. Im Moment bin ich mir allerdings nicht so sicher, ob es nicht auch daran liegt, daß ich selbst die Möglichkeit des Leitens gar nicht so sehr im Bewusstsein habe, wie ein weißer Fleck auf der Landkarte."

Andere Teilnehmerinnen formulierten die Chancen, die sie in der bewußten Wahrnehmung der Chairpersonship sehen:

„Wenn jede in einer Gruppe immer soviel Verantwortung für ihre eigenen Interessen übernehmen würde, und zugleich auch die der anderen ernst nimmt und sich gegebenenfalls damit auseinandersetzt, könnte man sicher viel demokratischer und effektiver miteinander arbeiten."

Gänsepulk – Ein dynamisches Balancieren zwischen Selbst- und Fremdleitung

In der letzten Phase der Arbeitseinheit zum Chairperson-Postulat wurde für die Teilnehmerinnen das Sich-Selbst-Leiten innerhalb einer größeren Gruppe erfahrbar. In dieser Bewegungseinheit schwingt zugleich das Axiom *Autonomie und Interdependenz* mit und kann auch in diesem Zusammenhang Anregungen zu dessen Vertiefung und Auseinandersetzung bieten.

Die folgende Aufgabe ist der Natur abgeschaut, und zwar dem Verhalten von Zugvögeln, insbesondere den Wildgänsen, die sich auf ihrem weiten Weg ständig in ihrer Leitung abwechseln. Aber auch bei Hausgänsen, die sich nahezu immer in einem Pulk zusammen über den Hof bewegen, findet man dieses Grundprinzip der Fortbewegung.

In der Natur dieses Systems liegt, daß diejenigen, die sich in der Mitte des Pulks befinden, nie in die Leitungsposition kommen können. In einer Herde sind dies die Jungtiere, die dadurch den Schutz bekommen, den sie brauchen. In einer Gruppe mit einer inneren Stabilität, die kooperativ und flexibel agiert, wird dieses Phänomen dadurch gelöst, daß sich das Gefüge auch in sich bewegen kann, ohne auseinanderzubrechen. In einer Gruppe, die noch weniger gefestigt oder homogen ist, werden in dieser Bewegungsgestaltung die unterschiedlichen Selbst- und Fremdleitungskonzepte der Einzelnen deutlich und reflektierbar. Mitglieder, die sich ausschließlich in der Mitte befinden, erhalten dadurch zum einen den Schutz, den sie benötigen, werden auf der anderen Seite aber auch nicht gefordert und nicht darin unterstützt, mehr Verantwortung zu übernehmen und für ihre Interessen einzutreten. Will man dies gezielt fördern, ist es sinnvoll, die Bewegungsgestaltung in Kleingruppen mit bis zu vier Teilnehmerinnen durchzuführen, so daß alle einen Außenplatz bekommen.

Bewegungsanleitung

Die Gruppe formiert sich in einem Pulk oder einer Traube, relativ dicht zusammen, alle nehmen die gleiche Blickrichtung ein. Diejenige, die vorne ist, ist jetzt die „Leitgans". Sie gibt mit ihrer Bewegung ein Muster für die ganze „Herde" vor. Sobald sie sich um die eigene Achse (180 Grad) dreht, wodurch sich alle mitdrehen, gelangt automatisch eine andere in die vorderste Position und wird somit Leiterin der ganzen Gruppe. Sie bleibt dies solange, bis sie sich wiederum dreht, und eine andere in die Leitposition kommt.

In dieser Bewegungsaufgabe wird ein Blickkontakt unter den Agierenden ausgeschaltet, worin zugleich eine Schwierigkeit und eine Chance besteht. Jede trägt Verantwortung für das Gelingen des Gruppenprozesses und stützt diesen um so mehr, als sie ohne zu zögern die Leitung übernimmt und auch wieder abgibt. Allein die Blickrichtung und die eindeutige Struktur des Pulkes geben die Leiterin vor. Wer zögert und sich in der Leitungsposition verunsichert umdreht, hat damit die Leitung schon wieder abgegeben, weil sich alle anderen ebenfalls umschauen und so eine andere an die Spitze gerät.

Reflexion und Auswertung im Plenum

Im Vergleich zur vorangegangenen Bewegungssequenz empfanden die Teilnehmerinnen in dieser Phase eine größere Herausforderung an das eigene Leitungsverhalten. Sie spürten deutlich, wie das Verhalten jeder Einzelnen zum Ge- oder Mißlingen der Kooperation beitrug:

> „Ich hätte nie gedacht, daß ich in einer Gruppe so wichtig bin, und daß ich z.B. dadurch, daß ich nichts tue und versuche mich anzupassen, die ganze Gruppe bremse oder aus dem Gleichgewicht bringe."

> „Für mich war eine wichtige Erfahrung, wie ich Einfluß auf den Gruppenprozeß nehmen kann, ohne dies allein tun zu müssen, und ohne

dafür aus der Gruppe herauszutreten. Ich konnte ein kleiner Teil des ganzen Gefüges sein, und trotzdem Leitung übernehmen und sie wieder abgeben, wann immer ich wollte."

„Beherzt mit Hand und Fuß und Kopf" –
Störungen haben Vorrang (Roswitha Massing)

Während des zweiten Durchganges unserer Seminarreihe zur Einführung in die TZI für Gruppenleiterinnen im *Bewegungs- und Kommunikationszentrum für Mädchen und Frauen* mit dem Thema *Beherzt mit Hand und Fuß und Kopf* kam es zu einer massiven Störungssituation. Es ist sinnvoll, zunächst unsere Haltung und Einstellung zu Störungen in TZI-Gruppenprozessen zu thematisieren und anschließend den Umgang mit der aufgetretenen Störungssituation zu skizzieren.

Haltung und Einstellung zu Störungen

Störungen haben tausend Gesichter. Der Gesang eines Hausrotschwänzchens direkt vor meinem Fenster am Arbeitsplatz, ein unerwarteter Besuch, eine fehlende Flipchart, eine Teilnehmerin, die absagt ... Alles und jedes *kann* mir zur Störung werden. Störungen verunsichern, kommen unverhofft, rufen Gefühle von Getrenntsein hervor, haben oftmals in ihrem Gefolge Erinnerungen an Verletzungen, machen daher Angst.

Störungen nehmen sich Vorrang. In dieser Grundeinsicht der TZI steckt eine Handlungsanweisung, die um eine Erfahrungswirklichkeit weiß: Störungen sind da. Sie verlangen Aufmerksamkeit. Je stärker versucht wird, sie wegzudrängen, um so vehementer bahnen sie sich einen Weg in den Vordergrund. In Störungssituationen steckt etwas, das Aufforderungscharakter hat, das nach Neuorientierung, Integration, Entscheidung oder Anpassung verlangt. In jedem Durcheinandergeraten, in jeder Verwirrung oder drangvollen Engpaßlage liegt auch ein schöpferisches Potential.

Das Märchen vom Rumpelstilzchen ist mir in diesen Zusammenhängen zum Wegweiser geworden: Die Hauptfigur des Märchens, Tochter eines ehrgeizigen Müllers, hat sich den überfordernden Plänen ihres Vaters gefügt. Um den Königssohn zu gewinnen (nicht zu lieben), schickt sie sich an, Stroh zu Gold zu spinnen. Eine Sackgasse, aus der es scheinbar kein Zurück mehr gibt, tut sich auf. Dahinein tritt Rumpelstilzchen, Retter in der Not, ein geheimnisvoller Erdgeist, der hinterm Berg wohnt, dort, wo Fuchs und Hase sich Gute Nacht sagen. Er ist schon im Bilde und verspricht, der Müllerstochter zu helfen. Zum Lohn für seine Dienste verlangt er zunächst den Schmuck, dann das erstgeborene Kind. Die Müllerstochter willigt ein, notgedrungen. Sie wird durch ihre scheinbare Eigenleistung Königin. Kaum ist ein Jahr vorbei, ihr Kind ist geboren, da will Rumpelstilzchen seinen Lohn. Nun ist der Retter zum Feind geworden. Die Königin fleht um Gnade. Der Erdgeist scheint so konsequent nicht zu sein, denn er läßt sich erweichen und räumt ihr eine Lösung ein, ein scheinbar harmloses Angebot: „Kennst du meinen Namen, so kannst du dein Kind behalten." Von nun an ist der Bär los am Hofe der Königin. Sie schickt alle ihre Boten aus, setzt alles in Bewegung und hat im letzten Augenblick mit Hilfe der Späher den Namen des Männchens entdeckt. Das ist das Ende des ehemals hilfreichen Geistes. Er reißt sich selbst entzwei, eine grausame Lösung. Dennoch – das Neugeborene bleibt der Königin.

Wenn auch die meisten Konfliktsituationen nicht so dramatisch zugespitzt verlaufen, so beruhen doch in ähnlicher Weise Störungen und Gestörtheiten auf Engführungen und Unbalancen. Etwas ist „strohtrocken" geworden. Auch in der Arbeit mit Gruppen kann es schleichend unlebendig werden. Wer hält dann nicht hilfesuchend nach einem rettenden Einfall Ausschau, damit der Funke wieder überspringt? Aber so schnell geht es oft nicht. Es kommt zunächst zu Unruhe; Ideen, Gedanken, Gefühle sind in Aufruhr. Eine Suchbewegung wird angestoßen, so wie die Diener und Späher im Märchen ausgeschickt werden. Die Rettung im Märchen geschieht durch die Entdeckung des Namens des hilfreichen Geistes. Auch in einer Störungsbearbeitung geht es darum, etwas, das im Verborgenen liegt und den Treibsatz zu Einsichts- und Handlungserweiterung enthält, zu umwerben, zu beschreiben. Wenn die Gestörtheiten beim Namen genannt werden – also *sein* dürfen –, geht ein Aufatmen durch die Konfliktpartner, denn mit jeder gelungenen Konfliktbearbeitung kommen wir einander etwas näher, damit meine ich ein akzeptierendes Wahr-Nehmen der/des Anderen in mir, im Gegenüber. Vertrauen und Toleranz, Lebensmut und Beweglichkeit im Denken, Fühlen und Handeln sind die Geschenke, die der „Erdgeist" mitbringt, in der Auseinandersetzung mit der „rumpelnden" Störung, aus Stroh Gold zu machen. Rumpelstilzchens Dienst ist *not-wendig*. Wer sich um seinen Namen bemüht, gewinnt an Lebendigkeit (vgl. *Waiblinger* 1991). In diesem Sinne wird aus einer Störung schöpferisches Potential, genutzt für den lebendigen Prozeß einer Gruppe, für die Fähigkeit, Beziehung immer wieder neu zu (er)schaffen, für die Bereitschaft zur Kooperation. Störungen Vorrang einzuräumen heißt, der Arbeit am Schatten Raum zu geben, meinem eigenen Schatten, aber auch dem der Gruppe.

Und damit komme ich zu einem weiteren Aspekt des Störungspostulats.

Störungen bringen (in) Bewegung

Störungssituationen, die in meiner Erinnerung auftauchen, haben alle etwas gemeinsam: ihre große Komplexität. Mehrere Faktoren wirken zusammen, konstellieren sich zu einem einzigartigen Bedingungsgefüge und geben jeder Störung ihr Gepräge. Nehme ich das Vier-Faktoren-Modell der TZI als Anschauungsmodell zu Hilfe, kann der Ursprung einer Störung im Globe, im Einzelnen, im Beziehungsfeld, in Themensetzung oder Themenformulierung liegen, aber auch in mehreren Feldern gleichzeitig. Da alle dynamischen Faktoren in Interdependenz zueinander stehen, ist immer das Ganze gestört. Mehr noch, jedem Gruppenprozeß liegt von Anfang an der Keim einer Störung inne.

Wenn ein Kurs beginnt und die Verwirklichung eines Themas ihren Lauf nimmt, so bekommt der Prozeß in Raum und Zeit, mit diesen Menschen, der Auswahl der Unterthemen, geleitet in individueller Art einer Leiterin, eine bestimmte, begrenzte Gestalt. Alternativen bleiben zurück. Ein so gearteter Verlauf eines Gruppenprozesses ruft Gegenkräfte hervor, die ungelebte Seiten, zurückgebliebene oder vernachlässigte Aspekte in den Vordergrund bringen wollen. Die Dynamik des Gegenpols, des Widerspruchs wird tätig. Diese dem Prozeß innewohnende Gegenkraft drängt zur Veröffentlichung und zeigt sich oft in Gestalt einer Störung. So gesehen ist die Störung Teil eines Ganzen; ein Teil, der in Richtung Ganzheit drängt. Besonders in den sogenannten Krisensitzungen bringt sie Wesentliches ins Spiel, bedeutet aber nicht Ablenkung vom Eigentlichen, sondern gehört zum Eigentlichen dazu (*Rubner* 1992). Die Gegenkraft tritt häufig in Gestalt eines gestörten Gruppenmitgliedes auf. Die Aussage, *ich habe eine Störung* ist daher weniger als eine griffige Zauberformel zur Machtübernahme zu begreifen, sondern es lohnt sich hinzuschauen, dem nachzugehen, was vernachlässigt wurde; sei es auf der Themen-, der Beziehungs-, der individuellen Ebene oder im Beachten der Umwelt. Die Auseinandersetzung mit diesen Gegen- und Unterströmungen kostet Zeit, bis eine angemessene Integration gelingt und das Zusammenspiel um eine Aufgabenmitte herum (wieder) möglich ist. Wie im Unruhespiel des Mobiles veranschaulicht, bringen Störungen (in) Bewegung. Sie geben Anstoß zu lebendigem Miteinander-Lernen und Wachsen. Störungen sind im gruppendynamischen Prozeß als kathartische, korrigierende und motivierende Momente zu begreifen, wie im nachfolgenden Beispiel veranschaulicht wird.

Während des zweiten Wochenendseminars unserer Seminarreihe *Beherzt mit Hand und Fuß und Kopf* stand, wie bereits beschrieben, das erste Postulat von Ruth C. *Cohn* im Vordergrund: *Sei deine eigene Chairperson*. Selbstwahrnehmung in Bewegung sowie die eigene Lerngeschichte mit den jeweiligen Autoritäts- und Leitpersonen standen im Mittelpunkt. Die Selbsterfahrungsthemen stärkten die Teilnehmerinnen in ihrem aktuellen Selbstverständnis, die eigene Position in der Gruppe wurde definiert. So-sein und Anderssein-Wollen, konkurrentes Verhalten, Machtbedürfnisse durften sich zeigen. Deutlich wurde diese Entwicklung in den von uns strukturierten Wahlsequenzen zu Untergruppen. In den Pausengesprächen beobachteten wir die Kristallisierung in zwei Allianzen und Randgrüppchen. Wir thematisierten diese Entwicklung nicht, nahmen jedoch die Ich-Wir-Dynamik in den Bewegungssequenzen auf. In der letzten Sitzung des Seminars drängte sie sich dann unerwartet in den Vordergrund: Wir hatten zur Einzelreflexion eingeladen. Die Teilnehmerinnen saßen verteilt auf dem Boden vor ihren Arbeitsblättern. R.B. stand auf, ging zum Recorder und fragte dabei die Frauen, ob ihnen beim Reflektieren Hintergrundmusik gefallen würde. Eine Teilnehmerin, I., verneinte das sehr nachdrücklich. Im Klang ihres Widerspruchs lag viel betonte Selbstbestimmtheit. Eine Wortführerin der stärksten Untergruppe konterte und verlangte nach Musik. I. bestand auf ihrem Wunsch. Schweigen, Hochspannung im Raum, nichts ging mehr. Sackgasse. Keine rührte sich. Nur die Blicke gingen hin und her, auch zu uns. Als R.B. entschied, dem Widerspruch der Einzelnen den Vorrang zu geben, entspann sich eine heftige Diskussion über das Dominanzverhalten einer Einzelnen über mehrere: Wo kämen wir hin, wenn wir immer nachgeben würden, hieß es. Die Einzelne habe sich der Mehrheit zu fügen, sonst müsse sie sich entscheiden, ob sie nicht lieber ... I. saß wie erstarrt da.

Wir gaben der Eskalation Raum. Ich mußte mich erst einmal von meiner Überraschung erholen und brauchte Zeit. Als dann aber der

Wortkampf in Generalisierungen gipfelte mit Schlagworten wie *Übergriff, Mißbrauch, Nichtraucher sind auch so* unterbrach ich und bat die Teilnehmerinnen, sich einen Augenblick auf sich selbst zu besinnen. „Wie fühle ich mich jetzt, wer oder was bewegt mich jetzt?" Die sich anschließende Befindlichkeitsrunde war von sehr gegensätzlichen Positionen und Parteilichkeiten gekennzeichnet. Ich versuchte, sie zu bündeln. „Wer hat das Sagen? Die Mehrheit? Wer spielt die Musik? Was spielt bei mir mit?" Nachdenkliche Stille trat ein. I. war den Tränen nahe. Daher versuchte ich in einem Dialog, ihr zu mehr Klarheit zu verhelfen. Sie ließ sich darauf ein und zeigte in ihrer Selbstbefragung viel Stärke. Das Chairperson-Postulat habe sie ermutigt, sich etwas zu trauen, was sie noch nie gewagt hatte. Das wäre ihr aber jetzt eine Lehre. – Welche? – Daß es doch besser sei, sich nicht so weit vorzuwagen. Das habe ich früher auch immer so erlebt. Irgendwas mache ich falsch. – Ob sie das herausfinden möchte? – Sie ist einverstanden. –

Ich lade nun B., die Wortführerin der „gegnerischen" Allianz, zu einem Zwiegespräch mit I. ein. Der von mir gelenkte Austausch zwischen den beiden Konfliktpartnerinnen offenbart sowohl Faszinations- und Unsicherheitsgefühle, als auch deutliche Machtansprüche. „Du hast uns bevormundet." „Ich habe mich ziemlich alleine gefühlt." Die Angst vor dem Neid der einen und die Angst vor der Bevormundung der anderen wird ausgesprochen. Die Gegenspielerinnen schauen sich offen an. Die übrigen Teilnehmerinnen gehen gebannt mit. Ich lade diese zum Austausch ein: „Was ist mir jetzt an meiner Reaktion klarer geworden, was ich von mir sagen möchte, was ich dir sagen möchte." Es klingt noch viel Aufregung und Verwirrung in dem anschließenden Teilhabenlassen mit. Unsere Zeit ist um. Die unter Zeitdruck sehr kurz gehaltene Abschiedsrunde gibt eine große Spannbreite an Gefühlen und Einsichten wider, von Zufriedenheit bis Erschrecken, daß so was bei TZI passiert: „Sowas darf nicht vorkommen." – „Du bist zu weit gegangen" (zu mir). – „An I.'s Stelle würde ich im Boden versinken." – I.: „Ich bin überrascht und werde noch viel darüber nachdenken."

R.B. und ich hielten im Anschluß an das Seminar zu unserer Selbstklärung und Entlastung Rückschau. Zwei Grundfragen tauchten wieder auf, die uns schon länger begleiteten: Das lebendige Lernen auf der Körper- und Bewegungsebene, also auf dieser ganzheitlichen Ebene, bringt alle Teilnehmerinnen mit sich selbst und untereinander in starke unmittelbare Berührung, in tiefere Erfahrung von Nähe zueinander und auch zur eigenen individuellen Geschichte. Der Selbsterfahrungsgrad ist sehr hoch. Dementsprechend brauchen die Teilnehmerinnen mehr Zeit zur Durchdringung und Aneignung auf der Reflexions- und Gesprächsebene, als das von uns eingeschätzt worden war.

Im Anschluß an unsere Erfahrung scheint es sinnvoll, der Einzel-, Paar- und Gruppenreflexion mehr Raum für bewußte Integrationsarbeit zu geben. In diesem Sinne ist auch Helga *Belz* zu verstehen: „Eine schrittweise mitgehende Reflexion von Erlebtem und Erarbeitetem halte ich deshalb für nützlich, weil sie hilft, Erfahrungen auf den Begriff zu bringen und somit Lernen zu erleichtern. Sie ist keine Analyse, die auf Zusammenhänge bedacht ist. Sie ist eine Art Bestandsaufnahme, die (bei thematischer Fokussierung) Teil des Handlungsprozesses bleibt." (1988, S. 34)

Als ein zweites Thema beschäftigte uns während der Reflexion meine klientenzentrierten therapeutischen Interventionen im TZI-Gruppenprozeß. Zwar wird jedes Profil einer TZI-Gruppenleiterin individuell durch die Persönlichkeit und berufliche Qualifikation geprägt, aber im Nachhinein sind wir einig geworden, daß bei der Strukturierung und Impulsgebung mehr auf das *Hier und Jetzt* des Erlebten zu achten ist und die analytische Rückführung eher in Selbsterfahrungskursen sinnvoll erscheint.

Störungen und Betroffenheiten in Bewegung bringen

Zur Planung

Das zweite TZI-Postulat hatte im vorangegangenen Seminar seinen Platz eingenommen, unerwartet, im letzten Augenblick. R.B. und ich fragten uns, wie die Teilnehmerinnen inzwischen wohl dazu stehen würden. War die Störungssituation nach vier Wochen „Schnee von gestern" geworden? Fühlten sich einige Teilnehmerinnen vielleicht abgeschreckt zu kommen? Wir Leiterinnen wollten daher in den ersten beiden Sitzungen viel Raum zur Orientierung, zum Zusammenfinden und Verarbeiten des Erlebten geben. Wir hofften, daß genügend Schubkraft in der erinnerten Konfliktsituation stecken würde, um damit das Störungspostulat, das jetzt im Mittelpunkt der Arbeit stehen sollte, erlebnisnah in seinen vielschichtigen Dimensionen erarbeiten zu können. Um diese thematisch zu zentrieren, haben wir für das Wochenende formuliert:

„Beherzt, mit Hand und Fuß und Kopf – sich aufmachen und suchen"
Was in einer Störung verborgen liegt, was ich mit Euch lernen möchte im Umgang damit, und wie mir die TZI dabei helfen kann.

Das Leitmotiv: *Wachsein für den Augenblick* sollte uns die Annäherung an das zweite Postulat erleichtern helfen.

Wachsein für den Augenblick enthielt für uns Leiterinnen folgende Teilaspekte:
- sensibler werden für das, was ich wahrnehme, spüre und denke,
- sich selbst Erlaubnis und Ermutigung geben, Grenzen zu setzen, schwierige Situationen anzunehmen und anzugehen,
- sich der eigenen Lerngeschichte im Umgang mit Aggressionen nähern,
- Spielräume füreinander schaffen, in der die eigene Macht, die Widerstandskraft, der Durchsetzungswille erprobt und persönliche Grenzen erfahren werden können,

– Spiel- und Hilfsregeln erarbeiten als Rüstzeug,
– den Praxisbezug herstellen und auswerten.

Einige dieser Teilaspekte wurden durch Bewegungssequenzen be- und erarbeitet und dadurch *leib*-haftig und erlebnisorientiert umgesetzt. In der folgenden Darstellung dieser Arbeit beziehe ich mich auf jene Bewegungssequenzen, mithilfe derer wir das Störungspostulat bearbeitet, erlebbar und nachvollziehbar gemacht haben.

Zur Durchführung

Nur eine Teilnehmerin hatte sich für dieses Wochenende abgemeldet, eine andere konnte erst am Samstag hinzukommen. Schon vor Seminarbeginn entstand eine gute und gelöste Atmosphäre. In der Anfangsrunde der ersten Sitzung äußerten einige Frauen, daß sie sich im Zentrum sehr wohl fühlen: „Ich hatte gleich das Gefühl, ich komme nach Hause." Und: „Es ist schön in diese vertraute Atmosphäre zu kommen." Es entstand schnell Lebendigkeit und Offenheit, so daß wir uns nach der Ankommensphase mit dem Thema und der inhaltlichen Gestaltung des Wochenendes befassen konnten.

In der zweiten Sitzungseinheit nahmen wir uns Zeit zum Rückblick auf das konfliktreiche Ende des vorausgegangenen Wochenendes. Wir luden die Teilnehmerinnen ein, sich zu dritt zu einem Spaziergang um's Haus zusammenzufinden und sich darüber auszutauschen, welche Eindrücke und Einsichten ihnen besonders wichtig geworden waren, wenn sie auf die erlebte Störungsbearbeitung zurückschauten. Im anschließenden Plenumsgespräch zeigten sich die Teilnehmerinnen durchweg gelassen und zufrieden, was die Äußerungen von I. am besten zusammenfaßt: „Das war nicht angenehm, hat mir aber viel gebracht!"

Mit der dritten Einheit starteten wir die bewegungsorientierte Konfliktbearbeitung mit dem Thema:

- „Gemeinsame Entdeckungsreise: Konflikte haben viele Gesichter – was kommt mir bekannt vor, wie gehe ich zumeist damit um?"

Es finden sich zwei Teilnehmerinnen zu einem Paar zusammen, ein Seilchen dient als Markierungslinie, ein Ball stellt ein Problem oder einen Konflikt aus dem Alltag dar. A legt das Seilchen als Kreislinie um sich herum und markiert dadurch eine Grenze zwischen äußerem und persönlichem inneren Bereich. Dieser innere Bereich kann als Ruhezone, Innenraum, Schutzzone, innere Betroffenheit definiert werden. B rollt auf ihre Weise den „Problemball" auf die Grenze von A zu. A stoppt den Ball.

In der anschließenden Reflexionsphase im Zweiergespräch fragten sich die Teilnehmerinnen zunächst, wie ihre Erstreaktion aussah, und dann, wie sie in Zukunft mit „Überraschungsangriffen" umgehen möchten. Dann wurden die Rollen getauscht. In der Reflexionsphase ging es uns darum, die eigene Spielart zu charakterisieren und nach neuen Spielarten zu suchen. Es geht um eine heiter-ernste Annäherung an die Realität des gelebten Alltags und der persönlichen Art und Weise, wie frau ihr im Konfliktfall begegnet.

Die nächsten Arbeitseinheiten waren den Aspekten „Kräftemessen" und „Wachsein für den Augenblick" gewidmet.

- „Ein Spiel um Macht. Ich erprobe meine und deine Stärke."

Jedes Paar erhält zwei Seilchen. Eines wird als Markierungslinie zwischen die Partnerinnen auf den Boden gelegt, von dem anderen Seil hält jede ein Ende fest. Das bekannte Tauziehen steht an.

Reflexionsfragen zu zweit:
- Wie ist es mir in diesem Kräftespiel ergangen?
- Was erkenne ich als vertraute Verhaltensweise von mir wieder?
- Was nehme ich aus dieser Erfahrung mit für meinen Alltag?

Auszüge aus den Reflexionsergebnissen:

„Ich war überrascht, wie viel Spaß es mir gemacht hat, meine Kraft zu spüren, obwohl B. stärker war als ich. Es war ein gutes Gefühl dabei, den Boden unter meinen Füßen zu spüren. Das hat meine Kraft noch gestärkt."

„Als ich spürte, daß meine Partnerin stärker ist, habe ich sofort aufgegeben. Das passiert mir, glaube ich, oft: wenn mir Widerstand entgegengesetzt wird, ziehe ich mich schnell zurück. Eigentlich weiß ich dann gar nicht genau, wer wirklich die Stärkere ist."

„Ich fand diese offene Art der Auseinandersetzung angenehm. Normalerweise nehme ich mich sonst viel mehr zurück. Hier durfte ich meine Kraft mal zeigen und auch stärker sein, als meine Partnerin. Für meinen Alltag nehme ich mit, weniger mit meinen eigenen Interessen zurückzuhalten."

• „Ich kämpfe mit dir um mein Vorhaben, wir ringen um ein Gemeinsames."

Jede Teilnehmerin eines Paares erhält ein Seil, mit dem sie zunächst eine Form, ein Symbol auf den Boden legt, das ihr gut gefällt. Nachdem beide Partnerinnen einander ihre eigenen Seilchenformen vorgestellt haben, besteht der zweite Teil der Aufgabe darin, mit nur einem Seil eine gemeinsame neue Form zu gestalten, in der beide Ausgangsformen enthalten sein sollen.

Für die Reflexionsphase erhalten die Partnerinnen folgende Gesprächsimpulse:
- Mein Prozeß bis zu unserem gemeinsamen Ergebnis,
- unser gemeinsamer Prozeß dahin,
- was erkenne ich in meinen Verhaltensweisen wieder?
- Was trägt zu meiner Zufriedenheit bei?

Aus den Reflexionsergebnissen:

„Durch die Aufgabe, diese Bewegungssequenz nonverbal durchzuführen, fühlte ich mich gefordert, sehr viel deutlicher meine In- teressen zu zeigen bzw. für meine Interessen zu handeln. Das war gar nicht so einfach. Zugleich fühlte ich mich von dem Druck befreit, mein Handeln erklären, begründen oder rechtfertigen zu müssen. Trotzdem oder vielleicht gerade deshalb sind wir zu einem Ergebnis gekommen, mit dem wir beide sehr zufrieden sind."

- „Hier ist mein Raum! Ich setze Grenzen und wache über sie."

Für diese Aufgabe, die Durchsetzungsstrategien erfordert, finden die Teilnehmerinnen zu neuen Paaren zusammen. Jedes Paar erhält fünf Seilchen. Eine Partnerin markiert damit ihren persönlichen Raum, der von der anderen Partnerin nicht betreten werden soll. Diese versucht nonverbal mit ihren Strategien in diesen Raum zu gelangen. Die Verteidigerin ihrerseits versucht, mit allen nonverbalen Mitteln über ihre Grenzen zu wachen.

Die Reflexionsphase enthielt folgende Impulse:

- Wie ist es mir in meiner Rolle als Angreiferin, bzw. als Verteidigerin ergangen?
- Wie war es für mich, die Grenzen meiner Partnerin zu übertreten, bzw. dies zu versuchen?
- Was erkenne ich aus meinem Alltag wieder? Meine persönlichen Strategien?
- Welche Bedeutung haben für mich Achtung und Wahrung persönlicher Grenzen?

Im anschließenden Plenumsgespräch wurden die Erfahrungen der Bewegungsaufgaben ausgewertet. Die Arbeit auf der Körper- und Bewegungsebene ließ die individuellen Konfliktstrategien greifbar werden. In der Ver-Körperung wurden die Konflikt-(vermeidungs)strategien ins Hier und Jetzt geholt und bewußt gemacht. Davon ausgehend fragten sich die Teilnehmerinnen, welche Schritte, welche Verhaltensweisen für sie in Zukunft befreiender und wirkungsvoller sein könnten.

Auszüge aus den Reflexiongsergebnissen:

„Durch die Vorstellung, daß es bei diesem Kräftespiel nicht nur um irgendeine gedachte Linie, sondern um die Grenze meines eigenen Raumes ging, hat bei mir sehr viel mehr Kräfte mobilisiert. Ich glaube, ich hätte richtig zugeschlagen, wenn es notwendig gewesen wäre. Das Beste daran finde ich, daß meine Partnerin das auch gespürt hat."

„Ich kenne das sehr gut aus meinem Alltag, daß mir Leute zu nahe kommen und ich nicht recht weiß, wie ich sie mir vom Leib halten soll. Mit dieser Aufgabe ging es mir genauso: ich hatte keine Idee, wie ich durch meinen Körper ausdrücken kann, daß meine Partnerin nicht näher kommen darf. Umgekehrt war das ganz anders. Schon durch die erste Geste meiner Partnerin blieb ich stehen."

- „Ich mute mich dir zu."

Eine Partnerin geht in eine für sie standfeste Position, die andere stellt sich nahe an sie heran und beginnt zunächst mit einer Hand, dann mit dem Arm, mit einem Bein und schließlich mehr und mehr mit ihrem ganzen Körper Gewicht auf die Partnerin abzugeben. Auch diejenige, die das Gewicht annimmt, kann von Zeit zu Zeit ihre Position verändern. Sie erfährt dabei, in welcher Haltung sie mehr oder weniger belastbar ist. Nach etwa fünf Minuten des Experimentierens werden die Rollen getauscht.

Reflexionsimpulse:

- Wie ist es mir in beiden Rollen ergangen?
- Konnte ich mein ganzes Gewicht an die Partnerin abgeben – wie viel habe ich für mich behalten?
- Wie war es für mich, das Gewicht der Partnerin zu spüren und zu tragen?
- Welche Zusammenhänge entdecke ich mit meinem Alltag und Alltagsverhalten?

Aus den Reflexionsergebnissen:

„Das Gewicht meiner Partnerin zu tragen, fand ich viel leichter und angenehmer, als mich selbst zuzumuten. Das ist ja eigentlich paradox. Ich hatte immer die Befürchtung, daß ich ihr zu schwer bin. E. wurde schon fast sauer, als sie merkte, daß ich ihr gar nichts zutraue. Damit hatte ich gar nicht gerechnet. Für meinen Alltag nehme ich mit, daß ich ausprobieren will, mich den anderen mehr zuzumuten, statt sie immer zu schonen. Das heißt zum Beispiel einfach deutlicher meine Meinung zu sagen und Position zu beziehen."

• „Ich komme mit dir in ein gutes Kräftespiel."

In dieser Sequenz bilden die Teilnehmerinnen mehrfach neue Paare, indem sie sich gegenseitig zu einem fairen Zweikampf herausfordern. In einem Wechselspiel vom maximalen Einsatz der eigenen Kraft und dem Wahrnehmen und Gewährenlassen der Partnerin – in einem Austausch von Geben und Nehmen – können sich die Teilnehmerinnen offen miteinander messen und sich begegnen. Um eine emotionale und physische Sicherheit zu gewährleisten, wird zwischen den Teilnehmerinnen ein Zeichen ver- einbart, auf das hin der Kampf sofort abgebrochen wird. Außerdem ist es möglich, eine Herausforderung zum Kampf auszuschlagen, ohne daß eine Begründung dafür gegeben werden muß.

In der anschließenden Einzelreflexion fragen sich die Teilnehmerinnen:

– Was habe ich von mir Neues erlebt, was kommt mir bekannt vor?
– Wie habe ich das Wechselspiel von Geben und Nehmen, von Kräfteeinsatz und Gewährenlassen erlebt?
– Welche Einsichten nehme ich daraus mit für meine Alltagssituationen?

Das nachfolgende Plenumsgespräch half zu vertiefen und aufzufangen, was die Teilnehmerinnen erlebt haben, was sie jetzt bewegt, welche eventuellen Zwischenfälle es gab. Sich-zumuten oder zurückhalten als polare Verhaltensweisen sollten in ihrem Doppelaspekt begriffen werden. Die Teilnehmerinnen wurden so zur Erweiterung ihres Verhaltensrepertoires und zu größerer Beweglichkeit in ihren Reaktionsweisen angeregt.

Auszüge aus den Reflexionsergebnissen:

> „Das ist wirklich neues Terrain für mich. Ich wußte gar nicht, daß ich soviel Ausdauer und Kraft haben kann. Am meisten Spaß hatte ich daran, jemandem so deutlich Widerstand entgegenzusetzen. In wünsche mir, daß ich mit einer vergleichbaren Kampfkraft in verbale Auseinandersetzungen gehen kann. Das heißt: Ich will, ohne die andere zu verletzen, trotzdem klar meinen Standpunkt vertreten."

> „Es ist schade, daß wir als Mädchen so früh aufhören uns zu rangeln, denn das ist sowohl eine gute Möglichkeit Aggressionen abzubauen als auch ein Übungsfeld im Umgang damit."

> „Durch die Arbeit mit dem Körper und der Bewegung hat das Thema vor allem etwas sehr Lebendiges bekommen. Es war auf einmal spürbar und ich konnte am eigenen Leibe erfahren, wie ich mich in Konfliktsituationen verhalte. Das hat es mir leichter ge- macht, über Lösungen nachzudenken. Durch die Bewegung ist die Arbeit am Thema sehr authentisch und direkt geworden. Außerdem hat es viel Spaß gemacht und Energie gebracht. Ich bin überrascht, wie wir so ein schweres Thema mit soviel Leichtigkeit bearbeitet haben."

In der folgenden Bewegungsaufgabe ging es um gegenseitiges Verstehen des Gesagten und Gemeinten.

• „Wach sein für mich, für dich, für unseren Augenblick. Spüren, erleben, verstehen und verstanden werden."

Eine Frau gibt eine kurze, prägnante Bewegung vor, die von ihrer Partnerin so genau wie möglich wiederholt wird. Die Partnerin, die die Bewegung vorgibt, achtet darauf, ob ihre Bewegung „verstanden" wurde, ggf. wiederholt sie diese Bewegung noch einige Male, bis sie sich verstanden fühlt. Danach wechseln beide Teilnehmerin-

nen ihre Rollen, bis auf diese Art und Weise ein Dialog entsteht, bei dem eine Partnerin immer zuerst die Aussage ihres Gegenübers wiederholt und dann ihrerseits ihre Antwort gibt oder eine weiterführende Bewegungsaussage anschließt.

Reflexionsimpulse:

- Wie habe ich mich in beiden Rollen erlebt?
- Wie gut habe ich meine Partnerin verstanden, wie gut habe ich mich verstanden gefühlt?
- Wie hat sich im Laufe der Zeit unser Dialog entwickelt?
- Welche Anstöße nehme ich daraus mit für mein Gesprächsverhalten?

Aus den Reflexionsergebnissen:

> „Bei dieser Bewegungsaufgabe ist mir klar geworden, wie gut es sein kann, noch einmal nachzufragen, um mein Gegenüber wirklich zu verstehen. Wir waren zwar meistens nah dran, aber die mehrmalige Wiederholung der Bewegung hat dazu beigetragen, den Ablauf wirklich zu verstehen. So als würde man für einen Augenblick in den Körper der Partnerin schlüpfen. Das erinnert mich an die Weisheit der Hopi-Indianer: Beurteile nie einen Men- schen, bevor du nicht sieben Monde in seinen Mokassins gewandert bist."

• „Wenn der Bär los ist – Was kann mir als Leiterin, als Teilnehmerin helfen, einen Konfliktfall so zu bearbeiten, daß eine gemeinsame Motivation zustande kommt?"

So lautete das Thema der letzten Arbeitseinheit dieses Wochenendes. Die Frauen hielten ihre erarbeiteten Ergebnisse für ein verändertes Konfliktverhalten auf einer Wandzeitung fest. Es kam ein Katalog von Leitlinien zustande, der konkretes und erprobtes Handwerkszeug anbot:

- Ich bin teilnehmende Leiterin.
- Ich bin Klärungshelferin.
- Ich kenne meine Konfliktstrategien, meine alten und neuen Möglichkeiten.

- Störungen und Konflikte sind Herausforderungen, bewußter zu werden und zu wachsen.
- Aus Störungen und Konflikten kann ich viel lernen über mich und andere.
- Ich traue mich, ich traue dir und ich traue uns zu, die Herausforderung, die in Störungen liegen, zu entdecken und zu meistern.
- Ich frage mich: wer hat das Problem?
- Das Problem oder die Situation benennen macht frei.
- Aufgabenorientierung zugunsten von Problemorientierung zurückstellen und ins „Labyrinth der Verstehensarbeit" gehen.
- Die Einzelne in ihrer eigenen Autorität ernstnehmen (Chairperson-Postulat).
- Transparenz schaffen durch schrittweises Erarbeiten.
- Konsensfindung betreiben und Selbstverantwortung wahrnehmen.

Insgesamt war auf dem Weg zu einer Gruppenleiterin mit Konfliktkultur, mit Experimentierfreude und Respekt vor der eigenen Arbeit und der der jeweiligen Partnerin ein schwieriges Kapitel erprobt worden.

Das Postulat *Störungen und Betroffenheiten haben Vorrang* war den Teilnehmerinnen in seiner beziehungsstiftenden und bestärkenden Bedeutung nahe gebracht worden.

In diesem Wochenend-Seminar war es gelungen, den Teilnehmerinnen viel Zeit zur Verarbeitung zu lassen. Rückmeldung, Selbstreflexion und Austausch im Plenum konnten das Erlebte festigen und uns in Kontakt mit dem Gesamtprozeß der Gruppe halten.

Die Atmosphäre an diesem Wochenende war von Experimentierfreude und Neugier getragen. Besonders die Frage: „Wie möchte ich als Konfliktpartnerin sein, wie wünsche ich mir eine Konfliktpartnerin?" beschäftigte die Frauen. Die Auseinandersetzung mit dem eigenen gewohnten Konfliktverhalten wurde von ihnen als sehr aufschlußreich und auch hilfreich erlebt. Die Experimentierfreude an ungewohnten Verhaltensweisen regte an und brachte eine spielerische Atmosphäre.

Zum Abschluß unserer Seminar-Beschreibung möchten wir die Teilnehmerinnen selbst zu Worte kommen lassen.

- *Es ist schön, als Frau unter Frauen zu sein.*
- *Es ist schön, für einen Augenblick das Leben miteinander zu teilen.*
- *Ich bin beeindruckt von dem Wunder unserer Verschiedenheit.*
- *Für mich ist der häufige Wechsel der Übungen und Reflexionen problematisch.*
- *Weniger wäre vielleicht mehr gewesen.*
- *Meine verschiedenen Rollen im Berufs- und Privatleben halten mich in Spannung. Daraus entstehen viele Konflikte.*
- *Ich habe weniger Angst, Schwierigkeiten anzugehen.*
- *Ich brauche nicht immer nur darauf aus zu sein, daß alles am Schnürchen klappt in meiner Arbeit.*
- *Unsere Bewegungsarbeit ist nicht Hintergrund, sondern tragender Grund, eine Bedingung, damit wir lebendig lernen.*
- *Bewegung ist im-Fluß-sein, wie eine menschliche Grundbedingung, damit ich mich entwickeln kann.*
- *Mein Körper bin ich.*
- *Ich fühle mich belastbarer.*
- *Musik und Bewegung zusammen sind etwas Heilendes und Heiliges.*
- *Wir waren zusammen wie in einem Energiefluß.*
- *Reden ist nötig, aber auch wieder einengend.*
- *Bewegen macht mich frei.*
- *Ich bin ein Teil der Gruppe, unsere Bewegung hat auch etwas Verbindendes.*
- *Ich habe nicht mehr den Druck, daß alles klappen muß in meinen Gruppen.*

- *Leiten hat auch mit Fließen zu tun.*
- *Störungen sind wohl normal.*
- *Ich möchte noch vieles darüber erfahren und lernen, wie ich mit Störungen besser umgehen kann. Das war erst der Anfang.*

Themenzentrierte Interaktion bewegt – ein Fazit
(Mechtild Buschmann/Regina Biermann)

In allen Seminareinheiten der Weiterbildung zeigten sich deutlich die durch eine mädchen- bzw. frauentypische Sozialisation auftretenden Besonderheiten. Die antrainierte Zurück-Haltung von Frauen wurde immer wieder thematisiert, wenn es darum ging, für die eigenen Belange einzutreten: Chairpersonship, Selbst- und Fremdleitung, Eigenverantwortung, Achten und Wahren der persönlichen Grenzen. Über die Arbeit mit dem Körper und der Bewegung, die für viele Teilnehmerinnen ein vertrautes Metier war, konnten sehr intensive und aufschlußreiche Erfahrungen gesammelt werden. Der Lernprozeß blieb dabei nicht in der bloßen Erkenntnis frauenspezifischer Erfahrungen stecken, sondern es wurden weiterführende, auf den privaten und beruflichen Alltag übertragbare Handlungskonzepte und Handlungskompetenzen entwickelt, die zugleich im Rahmen der Seminare erprobt werden konnten. Durch die *leibhaftige* Ebene des Lernens wurden die Inhalte sehr plastisch und in einem hohen Maße von den Teilnehmerinnen integriert. Darin zeigte sich die Wichtigkeit, Kopf- und Körperarbeit in der Seminar-Konzeption miteinander zu verknüpfen.

Da die Teilnehmerinnen dieser Weiterbildung überwiegend als Sport- oder Bewegungspädagoginnen tätig waren/sind, verfügten sie über gewisse Erfahrungen und Fertigkeiten mit Körperwahrnehmung und Bewegung. Diejenigen, die vor allem aus dem Schul- und Leistungssport kamen, empfanden zum Teil den Freiraum in der Bewegung als ungewohnt und zunächst verunsichernd. Mit der

Zeit konnten sie jedoch eine größere Sicherheit entwickeln und die von jeglichem Leistungsdruck gelöste Bewegung genießen. Eine anfängliche Skepsis gegenüber der freien, eher tänzerischen Bewegung wich zunehmend der Begeisterung an der Verknüpfung der Bewegung mit der eigenen Person und ihrem individuellen Ausdruck, sowie der Freude spielerischer Bewegung mit anderen Frauen.

Die weniger bewegungsgewohnten Teilnehmerinnen (Sozialpädagoginnen) entwickelten zunehmende Vertrautheit im Umgang mit dem eigenen Körper. Sie empfanden vor allem den nonverbalen Kontakt zu den anderen Frauen als bereichernd und hoben die daraus entstehende Authentizität hervor. Wenn sich, wie im Kindesalter, *Körperbewußtsein* und *Selbstbewußtsein* analog entwickeln und aufbauen können, so kann mit diesem Konzept der Weg zu mehr Selbstbestimmung unterstützt werden. Ganzheitliches Arbeiten und Lernen sind zugleich Weg und Ziel dieses Konzeptes.

Das eigene Leben selbstbestimmt zu gestalten, ist ein kreativer Prozeß. Es wächst die Fähigkeit, den eigenen Lebensweg zu gehen, stimmige Lösungsstrategien in Problemsituationen zu suchen und neue Perspektiven zu finden. Damit steigt die Sicherheit, dem Leben aktiv gewachsen zu sein. Selbstbewußtsein wird im Körperbewußtsein grundgelegt. Eine selbstbewußte Frau traut sich, ihre eigenen Schritte zu tun. Sie verlernt allmählich die traditionell anerzogene Zurück-Haltung.

Die bewegliche Frau – die kreative Frau ist ein attraktives Leitbild, zu dem die TZI und die Bewegungsarbeit wesentlich beitragen können.

ULLA HINKELDEY

Erinnerung an Brochterbeck – ein persönliches Fazit

Was das Zentrum mir bedeutet hat

Nachdem zu meinem großen Bedauern das Brochterbecker Zentrum geschlossen wurde, kaufte ich mir zur Erinnerung einen Kettenanhänger – einen Fluorid, dessen Farben symbolisch für die Werte standen, die für mich in meiner Zeit mit dem Zentrum entstanden sind:

grün	für Wachstum/sich entwickeln/ Raum einnehmen
durchsichtig	für Klarheit entwickeln/den Dingen auf den Grund sehen/ einen Standpunkt einnehmen
lila	für Frauenparteilichkeit/ Solidarität.

Diese Werte haben sich im Laufe der Jahre der Teilnahme an den Kursen herauskristallisiert, in denen mir im Zusammensein mit den anderen Frauen Vielfalt und Lebendigkeit begegnet ist.

Als ich 1992 das erste Mal nach Brochterbeck kam, verband ich ‚Frausein‘ noch mit häufigen Erfahrungen der Einschränkung, des Nicht-Ernstgenommenwerdens, der kleinen, alltäglichen Abwertungen. Es war zwar ein unbefriedigener, oft empörender Zustand für mich, aber doch ein scheinbar unabänderlicher.

Durch die Erfahrungen der Achtung, Wertschätzung, Solidarität und Mitverantwortung in den Kursen habe ich dann Frausein anders erlebt.

Es hat mir bewußt gemacht, wieviel Unterstützung Frauen sich gegenseitig geben können und wieviel Kraft in weiblichen Qualitäten steckt.

Ich habe meine Weiblichkeit als etwas Wertvolles schätzen gelernt, die es als eine Stärke und ein großes Potential zu erhalten und zu pflegen und gegenüber männlicher Abwertung zu verteidigen gilt.

Bei der Entwicklung von weiblichem Selbstbewußtsein war mir der Zugang über den Körper und die Bewegung neu, aber ich empfand es als bereichernd. Die Verbindung von Bewegung und Kommunikation hat tiefere, prägendere Eindrücke hinterlassen, als es ein nur sprachliches Herangehen vermag. Mittlerweile bin ich der Meinung, daß frau sich am besten behaupten kann, wenn sie auch ein gutes Körperbewußtsein und somit „Boden unter den Füssen" hat.

Das Brochterbecker Zentrum war mir ein wichtiger Ort: ein „Nest"/ein Stück Heimat, ein Ort der Bestätigung, ein Übungsfeld für neue Erfahrungen, ein Ort der Anregung für neue Ideen/neue Sichtweisen, eine Kraftquelle.

Mein ,Brochterbecker Stein' erinnert mich immer an mein Anliegen, zur Weiterverbreitung des Konzeptes der mädchen- und frauenparteilichen Bewegungs- und Kommunikationskultur beizutragen.

Was daraus entstanden ist

Durch meine Erfahrungen in Brochterbeck war mein Blick für Frauen- und Mädchenbelange geschärft.

Ich entdeckte auch an meiner Schule, einer Schule für Geistigbehinderte in Osnabrück, die Notwendigkeit, einen Rahmen für Mädchenarbeit zu schaffen.

Da Mädchenarbeit an Schulen für geistig Behinderte noch Neuland ist, wurde mir von vielen KollegInnen mit Skepsis und Lächerlichkeit begegnet, als ich mein Anliegen vortrug (z.B.: „Dann mache ich aber auch eine Jungengruppe auf!" - „Unsere Mädchen sind doch schon so laut ..." - „Dann müssen wir ja bald Angst haben vor unseren Schülerinnen, ha, ha" ...)

Aber mein Vorschlag wurde toleriert und so habe ich vor 1 1/2 Jahren ein Mädchenprojekt eingerichtet mit Schülerinnen aus der Abschlußstufe, d.h. aus den letzten 3 Schuljahren vor Schulabschluß. Das Projekt findet an 3 Nachmittagen in der Woche statt und die Schülerinnen sind im Alter zwischen 15 und 18 Jahren.

Mit der Einrichtung eines Mädchenprojektes habe ich scheinbar ein großes Bedürfnis angesprochen, denn nach dem Vorstellen des Projektinhaltes wollten sich sämtliche Schülerinnen der Stufe dafür anmelden. (Den angebotenen Projekten können sich die SchülerInnen wahlweise zuordnen).

Mittlerweile sind die Skeptiker in der Schule auch stiller geworden, denn die Schülerinnen, die an dem Projekt teilnehmen, geben begeisterte Rückmeldungen. Außerdem sprechen Kolleginnen mich darauf an, daß ihnen auffallen würde, wie bestätigend der Projektunterricht auf die Mädchen bzw. jungen Frauen wirke.

Ich selbst profitiere auch von dieser Arbeit: Ich sehe die Schülerinnen mit achtungsvolleren, neugierigen Augen und bemerke, wieviel an Fähigkeit und Bewußtheit in ihnen steckt, wenn sich der Unterricht nach ihren Bedürfnissen ausrichtet und sie Mitverantwortung für das Geschehen tragen.

Die Bewegungsangebote waren den Mädchen zunächst fremd, aber nun fordern sie diese von selbst und trauen und erproben sich in der Bewegung immer mehr.

Diese Art von Unterricht, deren Schwerpunkt die persönliche Entwicklung der Schülerinnen ist, ist für alle Beteiligten befriedigend und voller Überraschungen.

(Ulla HINKELDEY schrieb dieses persönliche Fazit als Dank an Sabine KRÖNER zu deren Emeritierungsfeier im November 1997)

Andrea Tussing

Lücken in meinem Lebenslauf –
Wendepunkte auf meinem Weg

Einleitung und Hinführung

Mein persönlicher Ausgangspunkt

Als junge Frau aus einer Familie der westdeutschen Mittelschicht begann mein beruflicher Weg mit einer Ausbildung als Sportlehrerin. Hoffnungsvoll trieb mich die Idee, meine Begeisterung für den (Leistungs-)Sport, verbunden mit allerlei pädagogischem Impetus, auf die Jugend zu übertragen.

Nach dem Referendariat dann die endgültige Gewißheit: es wurde eine Ausbildung in die Arbeitslosigkeit. Eine gute Gelegenheit, andere Prioritäten zu setzen. Mit der Geburt meiner ersten Tochter konnte ich einen weiteren Lebenstraum realisieren. Zeitgleich (und später auch mit der zweiten Tochter) bekam ich die

Chance, im *Bewegungs- und Kommunikationszentrum für Mädchen und Frauen* in Tecklenburg-Brochterbeck zu arbeiten. In diesem Zentrum ging es um eine persönlichkeitsbildende Bewegungsarbeit mit Mädchen und Frauen. Ausgehend von den Erfahrungen *am eige- nen Leib* wurde das alltägliche Leben und die Bewegungen der Mädchen und Frauen dort Thema: in der Arbeit mit Gruppen auf der Basis der Themenzentrierten Interaktion (TZI) nach Ruth C. *Cohn.*

In diesen Jahren habe ich (mit zwei befristeten Teilzeitverträgen) in dem geschützten Rahmen eines universitären Frauenprojektes meine ersten Arbeitserfahrungen gemacht und unendlich viel gelernt. Mit den vielfachen Anforderungen von „Kindern, Küche und Karriere" bewegte ich mich allerdings in dieser Zeit an den Grenzen persönlicher Überforderung. Nach Ablauf dieses Projektes fiel ich in die Arbeitslosigkeit. Mittlerweile alleinerziehend mit zwei kleinen Töchtern – eine war mit einer geistigen Behinderung geboren – wurde meine lange Suche nach einer halben Stelle (mehr erlaubten die Betreuungsanforderungen meiner älteren Tochter nicht) zu einer materiellen Grundsatzfrage. Glücklicherweise konnte ich bald meinen nächsten (befristeten) Auftrag beginnen. Es ging dabei um die Konzeptionierung, Durchführung und Auswertung von sog. *Sozialen Trainings* für sozial benachteiligte junge Frauen zwischen 18 und 25 Jahren. Die Teilnehmerinnen dieser Gruppenangebote sollten lernen, sich in ihrer Arbeitslosigkeit aktiv zu verhalten, sich im Bewerbungsprozess optimal zu präsentieren und durch das Training sozialer Kompetenzen ihre Chancen für die Integration in den Arbeitsprozess zu erhöhen. Träger dieses Projektes ZORA war die Volkshochschule Münster.

Nicht nur aufgrund meines beruflichen Werdegangs hielt ich mich für prädestiniert für eine solche Arbeit. Ich glaubte, die Probleme der mich erwartenden jungen Frauen im Grunde zu kennen, da ich mich selbst in meiner Geschlechtsrolle sozial benachteiligt fühlte. Ständige Geldsorgen kannte ich aus eigener Erfahrung.

Auch ich lebte mit der alleinigen Verantwortung für zwei Kinder, wurde selbst immer wieder arbeitslos und mußte mich mit den damit verbundenen Ängsten und Depressionen auseinandersetzen.

So wurde ich anfangs überrascht von den unerwartet großen Differenzen und Widersprüchen, Nicht-Übertragbarkeiten meiner Lebenserfahrungen auf die der Teilnehmerinnen, die mit viel existentielleren Problemen zu tun hatten und deren Situation mir oft viel auswegloser erschien. Konfrontiert mit meiner bisherigen Naivität fiel es mir schwer, als Pädagogin in dieser Arbeit meine Modellfunktion zu definieren. Mangels eigener Erfahrung konnte ich mich in die Situation eines obdachlosen Mädchens, einer ehemals drogenabhängigen jungen Frau wenig hineinversetzen.

Nach der Leitung einer ersten Gruppe, in der ich viel mehr Mit-Lernende als Lehrende war, bin ich nach Abschluß der zweiten Gruppe mittlerweile doch überzeugt, daß einige meiner persönlichen und beruflichen Erfahrungen auch in der Arbeit mit sozial benachteiligten Frauen wertvoll sind, z.B. die Körper- und Bewegungsarbeit in Verbindung mit einer frauenparteilich ausgerichteten Themenzentrierten Interaktion (TZI) nach dem *Brochterbecker integrativen Ansatz.*

Die Übertragung dieser Erfahrungen auf die Konzeption Sozialer Trainings für junge Frauen ist Gegenstand dieses Beitrages.

Soziale Trainings für junge Frauen in schwierigen Lebenssituationen

ZORA war in seiner *ersten* Modellphase ein Projekt zur Berufs- und Lebenswegplanung sozial benachteiligter junger Frauen (18–25 Jahre). Das Projekt war von 1996 bis 1999 angesiedelt bei der Volkshochschule Münster und wurde finanziert von der Stiftung Siverdes, der Kontakt- und Informationsstelle *Frauen und Beruf* Münster und der Arbeitsmarktinitiative Münster.

Die rote Zora als Anführerin einer Bande sollte Symbol sein für starke, unkonventionelle, führende Rollen von Mädchen und Frauen im Leben und speziell im Beruf und signalisierte zugleich den feministischen Anspruch.

Das Angebot richtete sich an junge Frauen, die aus sozialen Gründen den Anschluß an eine Ausbildung oder an Arbeit verloren hatten. Ursachen für Arbeitslosigkeit konnten z.b. sein: eine ehemalige oder noch existente Suchtproblematik, Obdachlosigkeit aufgrund früher Flucht vor der Ursprungsfamilie, frühe Geburt von Kindern und die alleinige Verantwortung für deren Erziehung, Gewalt- und Mißbrauchserfahrungen, Vernachlässigung in der Kindheit, Behinderung, mangelnde Integration als Aussiedlerin oder Ausländerin oder andere komplexe psycho-soziale Problematiken. Als besonders *niedrigschwelliges* Angebot wollte ZORA solche Mädchen und Frauen ansprechen, die von den etablierten berufsvorbereitenden Angeboten der Stadt nicht erreicht werden. Mit einer Kombination von Gruppenangeboten zum Training sozialer Kompetenzen und berufsorientierender Einzelberatung konnten diese Frauen auf ihrem Weg in eine Ausbildung oder Arbeit unterstützt und begleitet werden.

Die Einzelberatung folgte einer in den Niederlanden – mit langzeitarbeitslosen Menschen – erfolgreich erprobten Methode: der *Individuellen Trajekt Begleitung* (= ITB). Das Beratungskonzept zeichnet sich dadurch aus, daß in präziser Maßarbeit an den individuellen Stärken, den selbstdefinierten Zielen und den spezifischen Lebensumständen der Klientinnen angesetzt wird und davon ausgehend ein darauf weitgehend passender Ausbildungs- oder Arbeitsplatz gesucht wird. Nach der Evaluation der persönlichen Möglichkeiten, Grenzen, Wünsche und Interessen der Klientin beschreibt diese ihr *Trajekt* (= ihren Weg) in das Arbeitsleben mit klar abgesteckten mittel- und langfristigen Zielen in zeitlich festgelegten, konkreten Schritten. Anliegen dieser Beratungsmethodik ist es, die Klientin zu befähigen, das von ihr selbst festgelegte Ziel konsequent und möglichst selbständig zu verfolgen. Auf diesem Weg wird sie von einer ITB- ausgebildeten Sozialpädagogin aus ihrem Stadtteil unterstützend begleitet.

Das *Trajekt* kann aus verschiedenen, ganz unterschiedlichen Schritten bestehen, die sich auch noch im Vorfeld der Arbeitsaufnahme bewegen können (z.B. Organisation einer Kinderbetreuung, Abklärung gesundheitlicher Möglichkeiten, Suche nach einer psychotherapeutischen Begleitung, Einholen von Zeugnissen etc.). Endziel der Beratung ist – neben der Klärung persönlicher Schwierigkeiten der Klientin und der Stärkung ihres Selbstvertrauens – in jedem Fall die Aufnahme einer Ausbildung oder bezahlten Arbeit.

In den Niederlanden wurde bei der Erprobung der ITB mit langzeitarbeitslosen Menschen erkannt, daß ein sogenanntes *Soziales Training* in der Gruppe eine sinnvolle Ergänzung zu der Einzelberatung darstellt. Alle Klientinnen, die sich in den *Trajekten* befinden, werden in diesem ca. dreimonatigen Gruppenangebot zusammengeführt. In den Niederlanden heißt ein solches Training: *APSO-Training* = **A**ttitude, **P**resentatie, **S**ollicitatie, **O**verleven op de Werkvloer = Ausdruck, Haltung, Präsentation, Bewerbung, Überleben am Arbeitsplatz.

In der niederländischen Gruppenarbeit geht es darum, den Klientinnen ihre (u.U. passive) Haltung zur Arbeitslosigkeit bewußt zu machen, mit ihnen Möglichkeiten der Wahrnehmung und Präsentation ihrer Kompetenzen zu entwickeln, ihnen know-how im Bewerbungsprozeß zu vermitteln und sie für ein Überleben im Ausbildungs- bzw. Arbeitsalltag persönlich zu stärken.

Die Übertragbarkeit dieses holländischen Konzepts auf die Arbeit mit sozial benachteiligten jungen Frauen wurde in Münster in dem Modellprojekt ZORA erprobt. Zusammen mit Christiane *Hansmann*, Sozialpädagogin, übernahm ich u.a. die Konzeption, Leitung und Auswertung der Sozialen Trainings.

Theoretische Ausgangspunkte

Trainingsprogramme zur Verbesserung sozialer Kompetenzen gehören zum Standardprogramm verhaltenstherapeutischer Ansätze und werden dort u.a. im Bereich sozialer Unsicherheiten und Ängste und bei zwischenmenschlichen Beziehungsstörungen angewandt. Das niederländische APSO-Training basiert auf diesem theoretischen Hintergrund. APSO bezieht sich allerdings auf die für die Arbeitsaufnahme relevanten sozialen Kompetenzen und orientiert sich inhaltlich an den konkreten Stationen des Bewerbungsprozesses.

Konzeptionell wird nicht explizit zwischen Trainingsprogrammmen für Frauen oder Männer unterschieden. Die gesellschaftlichen Bedingungen scheinen – so die Annahme – für jedes Geschlecht in gleicher Weise gegeben, sie werden nicht geschlechtsspezifisch analysiert. Ob sie bestimmte Gruppen benachteiligen oder ihnen Privilegien (zum Beispiel auf dem Arbeitsmarkt) verschaffen, ist nicht von Interesse für das verhaltenstherapeutische Konzept. Selbstsicheres Verhalten erscheint als Ergebnis individueller Fähigkeit mit der Möglichkeit aktiver Eigensteuerung.

Innerhalb der Verhaltensschablonen *selbstunsicheres – selbstsicheres – aggressives Verhalten* wird die goldene Mitte, d.h. ein persönlich befriedigendes, aber auch gesellschaftlich akzeptiertes und erfolgreiches Verhalten angestrebt. *Petermann/Petermann* (1992) üben z.B. in ihren sozialen Trainings mit verhaltensauffälligen *Jugendlichen* Verhaltensalternativen zur *Aggression*. Dieses auf den ersten Blick geschlechtsneutrale Konzept orientiert sich implizit an den sozialen Kompetenzen und Sichtweisen von *Jungen*.

Bei den *Frauen* scheint – so die Theorie – das soziale Problem eher ihre *Selbstunsicherheit* zu sein. Eine Flut literarischer Ratgeber, wie z.B. „Die selbstsichere Frau – Anleitung zur Selbstbehauptung" (*Bloom/Coburn/Pearlman* 1992) oder „Erlernte Hilflosigkeit überwinden" (*Marone* 1996) begleiten die sog. *selbstunsicheren* Frauen auf ihrem Weg in die Selbstsicherheit mit klar abgesteckten

Trainingsplänen, z.B. in einem Sechs-Schritte-Plan zur Bewältigung von Risiken (*Marone* 1996, 179). Mit Übungen, Kontrollisten und anderen Instrumentarien (*Bloom/Coburn/Pearlman* 1992, 148–157) ist das Trainingskonzept – an den Defiziten der Frauen orientiert – per- fekt.

Bei unserem Auftrag, ein Training sozialer Kompetenzen für junge, sozial benachteiligte Frauen zu konzipieren, haben wir uns zunächst an den folgenden drei Quellen orientiert:
– an dem niederländischen APSO-Training,
– an der zahlreichen Literatur zu den diesbezüglichen verhaltens- therapeutischen Ansätzen,
– an den Selbstsicherheitsratgebern für Frauen.

Ausgangspunkt war die Annahme, daß gerade sozial benachteiligten Frauen grundlegende soziale Kompetenzen fehlen, um bei einer Bewerbung erfolgreich zu sein. Der implizite Auftrag lautete: Wenn die Frauen ihre innere Einstellung, ihre äußere Haltung und ihr Auftreten verändern, dann erhöht sich die Wahrscheinlichkeit, daß sie einen Arbeitsplatz finden. Ein Ausschnitt aus einem un- veröffentlichten Informationsblatt des oben genannten APSO-Trai- nings lautet z.B.: „Der Verkauf Ihrer Qualitäten ist zentrales Thema in dem APSO-Training. Hierfür ist eine richtige Haltung und eine richtige Präsentation notwendig. In dem APSO-Training lernen Sie deshalb, wie Sie selbstbewußt werden anstelle von nervös und ängstlich ...". Bei der Beschäftigung mit diesen zahlreichen Konzep- ten ließ mich ein ungutes Gefühl nicht los. Vor meinem inneren Auge erschien die sozial inkompetente Frau, die durch ihre Schüchternheit und ihre schlechte Präsentation (Blick nach unten, Breifleck auf der Bluse, wortkarg und stammelnd, nervös mit ihrem Handtäschchen spielend) ihre Chancen auf Einstellung vermasselt hatte und selber schuld ist. Aber es gibt noch Hoffnung. Ein Training bringt sie auf Linie, Kopf hoch – Du schaffst das schon. In drei Monaten fit gemacht für die Anforderungen des neuen Chefs – Arbeitsverträge, Lohn und Arbeit in der Tasche. Anders formuliert: In der Vorstellung, diese

Konzepte auf die Arbeit mit sozial benachteiligten jungen Frauen zu übertragen, stellten sich mir und meiner Kollegin eine Reihe Fragen:

- Welche sozialen Kompetenzen bringen die Frauen mit? Welche möchten sie selbst mehr entwickeln? Welche benötigen sie für ihren Arbeitsmarkt?
- Welche reellen Chancen und Begrenzungen bietet der Ausbildungs- und Arbeitsmarkt für sozial benachteiligte junge Frauen?
- Welche Inkompetenzen liegen bei den arbeitsmarktpolitischen Entscheidungsträgern, und nicht bei den Frauen? Wie gehen die Frauen mit dieser Spannung um?
- Welche menschliche Haltung, welcher gruppenpädagogische Ansatz ist sinnvoll, um Frauen auf ihrem Weg (in den Beruf) zu unterstützen?
- Welche Methoden und Medien können wirksam sein? Ist es sinnvoll, bei dieser Zielgruppe Körperarbeit und Bewegung in die Sozialen Trainings zu integrieren?

Bei der Beantwortung der Fragen lieferte das *Brochterbecker Konzept* entscheidende gruppenpädagogische Anhaltspunkte.

Viele vorliegende Konzepte Sozialer Trainings können in Bezug auf die genannte Zielgruppe der sozial benachteiligten jungen Frauen in dreierlei Hinsicht umgedacht bzw. erweitert werden:

- Die implizite Orientierung der oben erwähnten Konzepte an der Lebenswelt von Männern muß auf dem Hintergrund der doppelten Benachteiligung von sozial benachteiligten Frauen (sozial und qua Geschlecht) zugunsten einer feministischen Position verändert werden;
- das Gruppenarbeitsverfahren der Themenzentrierten Interaktion (TZI) nach Ruth C. *Cohn* bietet einen sinnvollen pädagogischen Rahmen für frauenparteiliche Gruppenarbeit;
- die eher kognitiv ausgerichteten Konzepte Sozialer Trainings können durch die Ergänzung von Körperarbeit und Bewegung vertieft und ver-*Leib*-licht werden.

Die theoretische und praktische Verbindung dieser drei Komponenten – TZI, Frauenparteilichkeit und Bewegung – ist im *Bewegungs- und Kommunikationszentrum für Mädchen und Frauen* in Brochterbeck in einer sechsjährigen innovativen Praxisforschung entstanden und erprobt worden (*Kröner* 1993 und *Kröner* u.a. 1995) und bleibt für mich weiterhin modellhaft.

Die praktische Übertragung dieses *Brochterbecker* Modells auf die Durchführung eines Trainings sozialer Kompetenzen mit benachteiligten jungen Frauen wird im nächsten Kapitel anhand des Themen- und Gruppenprozesses einer Trainingsgruppe dargestellt.

Frauen-bewegt, Themen-zentriert und nicht allein

Die Orientierung der Sozialen Trainings an der Lebenswelt und den Kompetenzen von Mädchen und Frauen

Training sozialer Kompetenzen für die Aufnahme von Arbeit – bei einer solchen Aufgabe werden die unterschiedlichen Voraussetzungen und Möglichkeiten von Frauen und Männern überdeutlich:

Die objektiven gesellschaftlichen Bedingungen stellen sich für Frauen und Männer weitgehend anders dar. Frauen haben längst nicht in allen gesellschaftlichen Bereichen dieselbe Präsenz und dieselben Zugangsmöglichkeiten wie Männer, ganz besonders nicht auf dem Arbeitsmarkt.

Die Sozialisation, das Hereinwachsen in *andere* gesellschaftliche Bedingungen hat nicht selten ein sich *anders* entwickelndes Sozialverhalten zur Folge. Das heißt: Frauen haben u.U. spezifische, im Vergleich zu Männern unterschiedliche soziale Kompetenzen (und Defizite) entwickelt.

- *Patriarchale gesellschaftliche Strukturen ... und der Arbeitsmarkt für Frauen*

Das Wesen des geschlechtsspezifisch geteilten Arbeitsmarktes darf als Reflexionsfolie eines Sozialen Trainings nicht fehlen. Dieser Arbeitsmarkt ist für Frauen in Deutschland und in ganz Europa in vielerlei Hinsicht schwerer als für Männer zugänglich:

- Frauen haben aufgrund ihrer Rolle in der immer (noch) höheren Verantwortlichkeit für die Erziehung der Kinder schwierigere Bedingungen für die Aufnahme von (bezahlter!) Arbeit. Viel häufiger als Männer nehmen sie nur Teilzeitarbeiten an oder unterbrechen ihre Berufstätigkeit. Im Durchschnitt der Europäischen Union arbeiten mehr als 30 Prozent der Frauen (5 Prozent der Männer) in Teilzeitbeschäftigungen, und dies oft unfreiwillig.
- Frauen leisten im Hinblick auf Innovationen der Arbeitsorganisation und der Flexibilisierung von Arbeitszeiten immer noch Pionierinnen-Arbeit.
- Die Beschäftigungsfelder von Frauen sind deutlicher eindimensional durch Aspekte wie Pflegen, Sorgen und Helfen charakterisiert. Der Strukturwandel auf dem Arbeitsmarkt in der Bundesrepublik Deutschland verstärkt die geschlechtsspezifische Segmentierung des Arbeitsmarktes. In den alten Bundesländern arbeiten noch zwei Drittel der Frauen in Berufen, die als traditionelle Frauenberufe bezeichnet werden (v.a. Büro, Gesundheit, soziale Berufe) und die geringere Verdienst- und geringere Aufstiegsmöglichkeiten bieten. Über die Hälfte aller Mädchen der alten Bundesländer wählen weiterhin Ausbildungsberufe aus Bereichen des tertiären Sektors.
- Viel mehr Frauen als Männer der alten Bundesländer arbeiten im Rahmen von geringfügiger Beschäftigung.
- Mehr Stellenangebote richten sich ausschließlich an Männer als ausschließlich an Frauen (vgl. den gewerblich-technischen Sektor, aber auch bestimmte Management-Positionen).

- Frauen sind in leitenden beruflichen Positionen stark unter-repräsentiert und finden sich vor allem auf den unteren Hier-archieebenen wieder.
- Frauen sind an den Schaltzentren der Macht so gut wie gar nicht vertreten.
- Frauen sind in allen EU-Mitgliedsstaaten statistisch nachweisbar stärker von Arbeitslosigkeit betroffen und bedroht als Männer.
- Berufsrückkehrerinnen und alleinerziehende Mütter verdienen häufig so wenig, daß sie nicht einmal die Kosten für die Kinderbetreuung aufbringen können.

Die Liste ließe sich um vielfache Aspekte verlängern. Das Wesen eines solchermaßen für Frauen verschlossenen Arbeitsmarktes ist die Grundlage für die Definition derjenigen *Schlüsselkompetenzen*, die Frauen sich erarbeiten müssen, falls sie die Türen öffnen wollen. Die patriarchalen gesellschaftlichen Strukturen sind Ausgangspunkt für ein Training sozialer Kompetenzen mit dem Ziel der Annäherung von Frauen an den Arbeitsmarkt. Diese Fakten implizieren zum Beispiel, daß

- in einem Training sozialer Kompetenzen die alleinige Zu-ständigkeit von Frauen für bestimmtes soziales Verhalten (pfle-gen, sorgen, helfen) auf ihre Konsequenzen für die Berufswahl hinterfragt und alternative Kompetenzen zum Vorschein ge-bracht werden könnten,
- in einem Training sozialer Kompetenzen führendes, leitendes Sozialverhalten erprobt werden könnte,
- Frauen ihr ambivalentes Verhältnis zu Machtpositionen und Geld thematisieren und ggf. verändern könnten,
- sie gestärkt werden sollten, ihre alleinige Verantwortlichkeit für die Kindererziehung in der Auseinandersetzung mit den Vätern zu thematisieren,
- u.v.m.

Mit der Sicht auf die Benachteiligung von Frauen auf dem Arbeitsmarkt und mit dem Anspruch, mit den Frauen gemeinsam Wege zu einer befriedigenden, an ihren Interessen orientierten und in ihren Lebensalltag integrierbaren Arbeit zu finden, verliert die Auswahl der Themen für ein soziales Training an Neutralität und individueller Beliebigkeit. Es müßte darum gehen, genau die Kompetenzen zu entwickeln und sichtbar werden zu lassen, die Frauen befähigen, diese objektiven Benachteiligungen zu überwinden.

Die Geschlossenheit des Arbeitsmarktes für sozial benachteiligte Frauen klar zu sehen, bedeutet auf der anderen Seite, Frauen mit den gesellschaftlichen Grenzen ihrer individuellen Bemühungen zu konfrontieren und ihr Scheitern nicht als deren persönliches Defizit erscheinen zu lassen.

• *Soziale Kompetenzen von Frauen*

Auch von der Seite des Individuums gesehen spielt bei der Inventarisierung der sozialen Kompetenzen, die die Teilnehmerinnen mitbringen, ihr Geschlecht eine zentrale Rolle. Im Sozialverhalten werden seit Jahrzehnten Differenzen zwischen den Geschlechtern diskutiert, die auf unterschiedliche Sozialisationsbedingungen zurückgeführt werden können. Ein Beispiel für eine solche Differenzierung geben *Gipser* und *Stein-Hilbers* (1987, 22):

- „Aggressivität, Aktivität und Selbständigkeit werden bei Mädchen eher unterbunden, bei Jungen hingegen gefördert.
- Mädchen werden bei falschem Verhalten eher mit Liebesentzug bestraft, daher sind sie von der Zuwendung der Eltern abhängiger als Jungen und entwickeln Angstbereitschaft und Abhängigkeit.
- Die insgesamt stärker liebesorientierte Erziehungstechnik bei Mädchen birgt die Gefahr der Überanpassung in sich.
- Die Leistungsorientierung der Mädchenerziehung richtet sich auf die Beliebtheit bei anderen, vor allem dem männlichen Geschlecht, während sie in der Jungenerziehung schulisch und beruflich orientiert ist."

Zwar sind die Zeiten der polaren Festschreibung eines weiblichen (bzw. männlichen) Sozialcharakters *theoretisch* überwunden, Mädchen und Frauen werden mehr in ihrer individuellen Einzigartigkeit und in ihrer Unterschiedlichkeit gesehen und ernst genommen. Dennoch ist es wichtig, den existierenden *Globe* nicht aus dem Auge zu verlieren. Mädchen und Frauen haben – als Reaktion auf patriachale Ausgrenzungen und Benachteiligungen – spezifische soziale Kompetenzen ausgebildet. Auf diese muß in einem Konzept des Sozialen Trainings wertschätzend Bezug genommen werden.

Bei sozial benachteiligten Frauen wirken sich Frau-Sein in einer patriarchalen Gesellschaft und ihre soziale Problematik in einer kapitalistischen Wohlstandsgesellschaft im Sinne einer doppelten Benachteiligung aus. Sexueller Mißbrauch, Prostitution von jungen Frauen, Suchtverhalten von Mädchen und Frauen (Magersucht, Bulimie, Freßsucht, Medikamentenabhängigkeit) machen deutlich, daß die Kategorie Geschlecht in einem Konzept zum Training sozialer Kompetenzen als Reflexionsfolie eine zentrale Rolle spielen muß. Als Marginalisierte sind besonders sozial benachteiligte Frauen immer auch gleichzeitig Verliererinnen einer patriarchal strukturierten Gesellschaft.

- *Die Rolle der Pädagogin: Parteilich handeln – dekonstruktivistisch denken?*

Welche Rolle spielt die Pädagogin als Leiterin einer frauenparteilichen sozialen Trainingsgruppe?

Eine feministische Sozialarbeit geht davon aus, daß die Sozialisation, welche die Adressatinnen der Sozialen Arbeit durchlaufen, den Sozialarbeiterinnen selbst im Kern bekannt ist. Dieser gemeinsam geteilte biographische Hintergrund ermöglicht es, Betroffenheit und Parteilichkeit in die sozialpädagogische Praxis zu integrieren. Forscherinnen wie auch Pädagoginnen in der Frauenarbeit sind also in der ursprünglichen Form von *Mies* (1984) in persona selber Betroffene der Unterdrückung als auch Forschende oder Lehrende, die sich der Aufhebung dieser Diskriminierungen zuwenden. Feministisch orientierte Sozialarbeiterinnen stellen sich auf die Seite der Frauen, mit denen sie arbeiten, wollen gemeinsam mit ihnen Herrschaftsverhältnisse, die sie am eigenen Leibe erfahren haben, ansatzweise überwinden.

Diese Sichtweise wird allerdings in der Frauenforschung und der politisch-sozialpädagogischen Frauenarbeit aus vielerlei Gründen immer fragwürdiger. Vertreterinnen konstruktivistischer Positionen betonen immer deutlicher die Eigentätigkeit in der Aneignung der Geschlechtsidentität. Geschlecht ist nicht etwas, das Frauen (Männer) haben, sondern etwas, das sie tun, um als Frau (Mann) wahrgenommen zu werden. Durch die ständige Reproduktion der Rollenerwartungen generieren Frauen und Männer in jedem Moment ihres Handelns den Geschlechterdualismus neu. Der Perspektivenwechsel auf das eigene aktive Herstellen der bestehenden Ordnung suggeriert die Möglichkeit, dieses Handeln und damit die bestehende Ordnung verändern zu können. Geschlechtsspezifische Stereotypen können z.b. parodiert werden, spielerisch und ironisch kann produktive Verwirrung auf der Bühne der Geschlechter gestiftet werden.

Mit der immer sichtbarer werdenden Bandbreite an Differenzen unter Frauen (weiß – schwarz, arm – reich, lesbisch – heterosexuell, jung – alt, ostdeutsch – westdeutsch, Karrierefrau – Hausfrau, etc.) wird die gemeinsame Lebenswirklichkeit, der Grundkonsens zwischen allen Frauen, immer geringer. Eine theoretische Sichtweise, die die dichotome durch eine multiple Geschlechtlichkeit ersetzt, gewinnt zunehmend an Bedeutung. Gibt es noch gemeinsame Erfahrungen zwischen einer Sozialpädagogin der Mittelschicht, verheiratet mit zwei Kindern, und der obdachlosen, drogenabhängigen jungen Frau? Eine ähnliche soziale Problematik wäre in diesem Fall vielleicht verbindender als dasselbe (natürliche) Geschlecht.

Wie aber legitimiert sich dann noch die politische oder die pädagogische Bezugnahme auf *die* Frauen? Wenn Gemeinsamkeiten in Gruppen verblassen, wird auch deren politische Kraft geringer, gibt es kein Gemeinsam-gegen-die-Unterdrückung mehr, nicht in der Forschung, nicht in der Pädagogik, nicht in der Politik, verliert die Praxis der Frauenparteilichkeit ihren Sinn. Die Kategorie Frau, die ja politisch z.B. für die Quotenregelung Grundlage war, erscheint dann aufgelöst. Allerdings hinken die praktischen Lebenserfahrungen von Frauen diesen theoretischen Denkmöglichkeiten hinterher. Frauen wie Männer können nur sehr schwer die Grenzen der anerzogenen Gefühle überschreiten und tun es oft genug nicht. Unser Wunsch nach eindeutiger, klarer Identität, nach Zugehörigkeit, nach wenigstens in Ansätzen vorgegebenen Lebensmustern verhindert es, variabler zu leben. Die Erfahrung ist oft die, daß Geschlechtsrollen nicht spielerisch, sondern nur sehr kleinschrittig und mühsam verändert werden.

Wenn junge Frauen mit Gewalterfahrungen oder sexuell mißbraucht in die sozialpädagogische Betreuung kommen, dann tragen sie Wunden, die sich eindeutig auf die zweigeschlechtlich konstruierte Wirklichkeit, auf ihre *erlittene* Geschlechtlichkeit beziehen. Eine Sozialpädagogin, die diesen Frauen dann einen spielerischen Umgang mit ihrer Geschlechtsidentität vorschlägt, würde sie verraten, deren Lebenserfahrung negieren. Praktische Sozialarbeit muß sich auf patriarchale Realitäten beziehen.

Obwohl theoretisch also immer unklarer wird, wer mit wem, wann und warum eigentlich parteilich sein kann und soll, ist die Praxis der Parteilichkeit in der sozialen Arbeit weiterhin notwendig und sinnvoll. Das Patriarchat kann durch *theoretische* Negierung *praktisch* nicht ignoriert oder abgeschafft werden.

Gleichzeitig können allerdings auch in der Arbeit mit sozial benachteiligten jungen Frauen Selbstverständlichkeiten in Frage gestellt werden, können auch ihnen Verunsicherungen ihrer (traditionell orientierten) geschlechtlichen Identität zugemutet werden – aber immer nur unter der Voraussetzung der gesicherten materiellen und psychischen Überlebensbasis aller Beteiligten.

Die Themenzentrierte Interaktion (TZI): Ein pädagogisches Rahmenkonzept für die Gruppenarbeit mit sozial benachteiligten Frauen

Bei den oben dargestellten Konzepten zum Sozialen Training aus dem Bereich der Verhaltenstherapie handelt es sich um psychotherapeutische Arbeit.

Die Grenzen zwischen pädagogischer und therapeutischer Intervention und Wirkung sind bei einem Training sozialer Kompetenzen fließend. Dennoch wollten meine Kollegin und ich (beide ohne psychotherapeutische Ausbildung!) von einem gemeinsamen Thema der jeweiligen Arbeitseinheit ausgehen, zu dem die Frauen ihre persönlichen Erfahrungen einbringen konnten. Unser Anspruch war nicht die Aufdeckung tieferliegender psychischer Störungen.

Gerade bei den sog. sozial benachteiligten jungen Frauen liegen nicht selten Eltern- (Mutter/Vater) Kind-Beziehungen zurück, die große emotionale Defizite und Wunden hinterlassen haben und die in einer begleitenden Psychotherapie aufgearbeitet werden müßten. Die Ursachen der sozialen Ängste, Neurosen und Abhängigkeiten müßten in einer psychotherapeutischen Beziehung, die in der humanistischen Psychotherapie als *Nachbeelterung* bezeichnet wird, bearbeitet werden. Vielleicht kann sich erst dann verändertes Verhalten dauerhaft einstellen. Psychotherapeutische Beziehungen konnten und wollten wir in unserer Gruppenarbeit nicht anbieten.

Unser Anspruch lag eher in der Gegenwart, in dem momentanen Alltag der Frauen, in ihren aktuellen Wünschen, Ängsten und Verhaltensweisen. Wir suchten nach einem pädagogischen Ansatz, der persönlichkeitsbildende Gruppenarbeit mit der Orientierung an gemeinsamen Themen verband, und der auch Raum ließ, mal einen trockenen Stoff, wie z.B. das Erstellen einer Bewerbungsmappe, zu behandeln; und in dessen philosophischen Grundlagen das gesellschaftspolitische Umfeld als zu berücksichtigende Größe der Bildungsarbeit auftauchte. Unter weiterer Verwendung der vorgefundenen verhaltenstherapeutisch orientierten Medien und Methoden (Rollenspiel etc.) orientierten wir uns an dem pädagogischen Rahmenkonzept der Themenzentrierten Interaktion nach Ruth C. *Cohn* aus folgenden Gründen:

- Die TZI ist ein *gruppen*-pädagogischer Ansatz. In einer Gruppe kann am effektivsten Sozialkompetenz thematisiert und geübt werden. Andere ausreden lassen, zuhören, sich auf andere Frauen beziehen, Feedback bekommen und geben, Konflikte lösen, sich gegenseitig wahrnehmen und ggf. auch berühren, sich gemeinsam bewegen, Kontakt aufnehmen und begrenzen, das alles können Frauen in der Gruppe bewußt erfahren und reflektieren. Sie können sich über ihre gemeinsamen und auch unterschiedlichen Lebenssituationen, über ihre gemeinsamen und differenten Themen kennenlernen, gegenseitig stärken und voneinander lernen.
- Die TZI ist ein *themen*-zentrierter Ansatz. Die Teilnehmerinnen können gemeinsam ihre Erfahrungen in Bezug auf ausgewählte Themen aus dem Bereich der sozialen Kompetenzen austauschen und reflektieren. Auch die Gruppendynamik kann selber zum Thema werden. Bei sozial benachteiligten Frauen ist es wichtig, dem Themenfindungsprozess besondere Beachtung zu schenken, denn es fällt ihnen oft schwer, ihr eigenes Anliegen zu benennen. Dieses auszuhalten ist förderlicher, als Themen zu schnell vorzuschlagen, die dann Widerstände nach sich ziehen.
- Die TZI ist ein persönlichkeitsbildender, *ich*-bezogener Ansatz, in dem die theoretische Bearbeitung des Stoffes nicht so dominant werden kann, daß persönliche Sichtweisen, Betroffenheiten, Gestörtheiten keinen Raum mehr bekommen. In der TZI wird der persönliche Bezug, die individuelle Alltagserfahrung jeder einzelnen Frau Ausgangspunkt der gemeinsamen Arbeit am Thema. Nicht nur abstrakter Stoff (von den Teilnehmerinnen

mit schwierigen Schulbiographien oft genug verweigert), sondern auch Beziehung und Kommunikation dürfen Thema werden.

– Die TZI ist ein Ansatz, in dem die Auswirkungen des gesellschaftspolitischen *Globes* – für Frauen in vielen Bereichen (z.B. Arbeitsmarkt) enger gesteckt als für Männer – bewußt in die Arbeit mit einbezogen werden. Bei Frauen in schwierigen Lebenssituationen ist der *Globe* ein sehr bestimmender Faktor. Frauen, die z.B. mit blaugeschlagenem Auge morgens zur Gruppenarbeit erscheinen oder kein Geld mehr für die Busfahrkarten haben, bringen diesen *Globe* in die Gruppenarbeit mit.

Die Themenzentrierte Interaktion ist verbunden mit einem humanistischen Wertesystem, das sich in ihren Axiomen ausdrückt. Diese Axiome beschreiben in der Frauenarbeit, vielleicht auch gerade für sozial benachteiligte junge Frauen, eine grundlegende Lebenshaltung. Sie begreifen den Menschen als gleichermaßen autonom und interdependent und betonen den Respekt vor dem Wachstum, der wertende Entscheidungen bedingt. In ihnen wird die Erweiterung von inneren und äußeren Grenzen der Entscheidung für möglich gehalten.

„Die in der TZI verankerte Wertehaltung – alles Leben ist wertvoll – kommt dem entgegen, was Mädchen- und Frauenparteilichkeit ausmacht: Jede ist wichtig, jede zählt, jedes Mädchen, jede Frau hat das Recht auf freie Entfaltung ihrer Persönlichkeit, auf Erweiterung ihres – gesellschaftlich eng gesetzten – Entfaltungs- und Lebensraumes" (*Buschmann* 1993, 73).

Gerade junge Frauen, die z.B. ihren Drogenkonsum mit Prostitution finanzieren mußten, die mit Behinderungen leben, die Gewalt ertragen mußten und mißbraucht worden sind, haben sich in vielen Situationen als unwert erfahren. Sie waren Opfer und ohn-mächtig, sind ausgegrenzt worden oder haben ihre Rechte auf Akzeptanz ihrer eigenen Bedürfnisse und auf Wahrung ihrer Grenzen oft stark mißachtet sehen müssen. Diese jungen Frauen brauchen in besonderer Weise eine Atmosphäre, in der sie wieder wachsen können, in der Akzeptanz und Respekt das oberste Gebot sein sollten.

Aus den Axiomen der TZI ergeben sich Postulate, die handlungsorientierend, und in der Arbeit mit sozial benachteiligten Mädchen und Frauen besonders wichtig sind. Exemplarisch möchte ich hier auf das 1. Postulat eingehen, dessen besondere Bedeutung für die Frauenarbeit ich in der *Brochterbecker* Arbeit erfahren konnte:

„Sei Dein/e eigene/r Chairman/Chairwoman, sei die Chairperson deiner selbst." (*Cohn* 1984)

Dieses Postulat wurde zu meinem pädagogischen Leitfaden in den Sozialen Trainings: Wahrnehmen und Entscheiden. Wir nutzten möglichst viele Gruppensituationen, um die Teilnehmerinnen mit folgenden Fragen zu konfrontieren:

- Was spürst *du* jetzt? Wie nimmst *du* dich wahr?
- Wie geht es *dir* damit, wenn ...?
- Was willst *du* eigentlich in dieser Situation?
- Wie kannst *du* dich dazu äußern, wenn ...?
- Was möchtest *du* jetzt eigentlich tun?

Die Ohnmachts-Erfahrungen vieler Teilnehmerinnen erschwert ihnen in besonderer Weise ein aktives, selbstverantwortliches Handeln, was in der Gruppenarbeit immer wieder zu der allgemein bekannten Konsumhaltung führt. Am liebsten wollten die Frauen „gefüttert" werden, spannend sollten wir es für sie machen. Oft beantworteten sie kleinste Anforderungen an selbständige Arbeitsschritte mit Flucht und Ablehnung.

Wenn es möglich ist, Frauen mit so schwierigen Lebenserfahrungen wieder zur Wahrnehmung ihres eigenen Körpers, ihrer Gefühle und Gedanken ein wenig zurückzubringen, und wenn dann darüber hinaus Wertschätzung und ein offenes Interesse für sich selbst, die Umwelt und Mitmenschen entstehen kann, dann ist viel erreicht. Und wenn in weiteren Schritten wieder Verantwortung für das eigene Leben übernommen werden kann, dann sind Frauen (nicht nur in schwierigen Lebenssituationen) auf dem richtigen

Weg. Sozial benachteiligte junge Frauen geben ihre Verantwortung zu oft bei anderen Menschen ab, z.B. bei ihren Lebenspartnern, bei Männern, bei denen sie Schutz und Freundschaft suchen, aber u.U. wieder geschlagen und abgewertet werden. Der Schritt zu der Erkenntnis, daß sie selbst wert und wichtig genug sind, verantwortlich für sich selbst zu sein und zu handeln, ist sehr klein und gleichzeitig riesengroß.

> „Parteilich sein mit Mädchen und Frauen heißt, Hilfestellung dafür zu geben, den eigenen Werten, Fähigkeiten und Möglichkeiten auf die Spur zu kommen, eine Entdeckungsreise zu ermöglichen, die letztlich in Hilfe zur Selbsthilfe münden kann." (*Buschmann* 1993, 73).

Körper- und Bewegungsarbeit mit sozial benachteiligten jungen Frauen: Ein Königinnenweg?

Zu den traditionellen Methoden der Sozialen Trainings gehört als Herzstück das Rollenspiel. In den Rollenspielen setzen die Frauen Szenen ihres Alltags in Bewegung, erleben in einem geschützten Rahmen ihr alltägliches Verhalten und die Reaktionen der anderen Teilnehmerinnen.

Rollenspiele sind als wertvolles Medium in die Frauenarbeit übertragen worden, sie gehören in den Selbstverteidigungs- und Selbstbehauptungstrainings und v.a. im Wen-Do zu den zentralen Methoden. Situationen, in denen Frauen sich bedroht fühlen, Angst empfinden, immer wieder unzufrieden sind mit ihrem Verhalten oder dem Verlauf der Geschehnisse, können lupenartig betrachtet und analysiert werden. Im Spiel erprobt die Akteurin für sie angemessene Handlungsformen, in denen ihre persönlichen Grenzen und Interessen gewahrt bleiben oder sie mit der Wirkung ihres Verhaltens zufrieden ist.

Wichtig bei der Übertragung einer solchen Methode in die frauenparteiliche Arbeit waren uns folgende Regeln, auf die in der

Arbeit mit dem oben beschriebenen Klientel der sozial benachteiligten Frauen besonders zu achten ist:
- Das demonstrierte Verhalten der Protagonistin und ihre persönliche Art der Bewältigung der Situation wird als in der Geschichte der Frau bisher sinnvollste Überlebensstrategie akzeptiert und wertgeschätzt. Ihr Handeln und Verhalten im Hier und Jetzt ist das ihr zur Zeit maximal Mögliche. Das bedeutet nicht, alles final gut und richtig zu finden, was die jungen Frauen tun.
- Die Frau versucht im Rollenspiel, eine zu *ihr* passende Form des *aktiven* Umgangs mit der Situation zu entwickeln, mit der *sie selbst* zufrieden ist.
- Das Verhalten muß nicht den Wertmaßstäben der Leiterin oder der anderen Gruppenteilnehmerinnen entsprechen.
- Die Gruppe gibt der Akteurin Feedback auch zu ihrer Mimik, Gestik, Stimme und körperlichen Ausdrucksweise.
- Das Feedback soll v.a. verstärkende Impulse geben und der Frau helfen, *selbst* neue Lösungen zu finden.

Neben der Inszenierung von Rollenspielen stand in unseren Trainings mit Frauen gleichwertig und gleichgewichtig die Erfahrung des Themas über den Körper und die Bewegung. Die Verbindung der TZI mit der Körper- und Bewegungsarbeit ist im Brochterbecker *Bewegungs- und Kommunikationszentrum für Mädchen und Frauen* entwickelt worden; ich habe diese bewegungsorientierte Frauenarbeit dort erlernt.

Zentrale Themen des sozialen Trainings wie z.B. *Ich setze mich durch* oder *Wie grenze ich mich ab? – Umgang mit Nähe und Distanz* oder *Ich nehme Raum ein und mache mich breit* waren Bausteine des Brochterbecker Konzeptes. Sie wären ohne die direkte körperliche Erfahrung nur in der Vorstellung besprechbar und blieben fiktiv.

Als *Königinnenweg* bezeichne ich diesen besonderen methodischen Schwerpunkt, weil er an die spezielle Sozialisation von Mädchen und Frauen direkt anschließt. Mädchen und Frauen erfahren ihre geschlechtliche Identität in einer patriarchalen Gesellschaft in besonderer Weise über die Zurichtung ihrer Körper und die Eingrenzung ihrer Bewegungsfreiräume. Im Körper und in der Bewegung haben sich gesellschaftliche Machtverhältnisse kristallisiert – ver-*Leib*licht. Die Aneignung von Räumen und die Eroberung neuer Dimensionen, die Lust an (körperlichen) Grenzerfahrungen, Bewegungs- und Risikofreude im Alltag sind eher für Jungen und Männer typische Verhaltensmuster. Frauen der westdeutschen Mittelschicht nehmen öffentliche Räume – Straßen, Parks, Wälder, Flüsse, Meere – seltener als Männer in Besitz. Joggen im Wald, Rudern alleine auf einem See erscheint vielen Frauen als Risiko. Grundsätzlich wachsen Mädchen mit Warnungen auf wie:

Geh mit keinem Fremden mit! Zieh Dich sauber und anständig an! Geh nicht alleine abends raus!

„Die Konsequenz dieser Warnungen ist, daß Mädchen eine Grundhaltung entwickeln, die von Unsicherheit, Mißtrauen und Angst geprägt ist und nicht von Selbst-Bewußtsein und Stärke. Durch die Angst, es könne ihnen etwas *Schlimmes* geschehen, und die damit verbundene Begrenzung auf Innenräume wird ihre Bewegungsfreiheit und Selbständigkeit eingeschränkt" (*Lichthardt* 1995, 13).

Frauen beanspruchen in vielerlei Hinsicht weniger Raum, ihr Schritt ist nicht raumgreifend, sie fordern *kein Zimmer für sich allein*. Frauen der Mittelschicht setzen ihre Körper nur selten als Mittel der Auseinandersetzungen mit anderen oder der Umwelt ein. Sie entwickeln vielmehr Körperstrategien (Haltungen, Bewegungen, Gesten), die in nonverbaler Kommunikation Unterlegenheit signalisieren und das bestehende System von Macht und Privilegien verstärken.

„Während sich Jungen in Angriffslust und Herausforderung üben können und sollen, lernen Mädchen Verzicht auf Körperkraft, Draufgängerinnentum und Gewalt. Zorn, Wut und Auflehnung bleiben imaginär, weil sie körperlich unterdrückt werden, damit nicht in das Muskelsystem übergehen und kein Gefühl für Kraftpotentiale entstehen lassen. Wenn, dann äußern sich Mädchen verbal, und hierbei finden nicht selten zeitliche und örtliche Verschiebungen der Wut- und Unmutäußerungen statt, die den

Mädchen dabei meist den Vorwurf der Hysterie, der Pingeligkeit oder Überreaktion einbringen. Die Folgen sind Furchtsamkeit, Folgsamkeit und Resignation sowie Verlust an Vertrauen zum eigenen Körper und damit auch Verlust an Selbst-Vertrauen" (*Glücks* 1995, 183 f).

Für Frauen gibt es gesellschaftlich definierte Körperideale (fit, schlank, attraktiv, straff ...), die sie in unauflösbare Diskrepanzen zwischen Ideal und Realität bringen können. Sie entwickeln ein eher konflikthaftes Verhältnis zu ihrem Körper, was die steigende Zahl von z.B. Magersüchtigen und Bulimiekranken sowie die Millionensummen, die für Diäten, Kosmetik und Schönheitschirurgie ausgegeben werden, belegen. Diese geschlechtsspezifische Körpersozialisation (ich konnte hier nur einige Aspekte benennen) korrespondiert mit den Körperkarrieren von Frauen im Alltag und eben auch im Sport.

Das *Bewegungs- und Kommunikationszentrum für Mädchen und Frauen* in Brochterbeck wollte diese Festlegungen aufbrechen und die Vielfalt weiblicher Bewegungsverhalten wieder zum Vorschein bringen. Frauen konnten dort ihr Körper- und Bewegungsverhalten als *Ver-Leib-lichung* einer spezifischen Bewegungssozialisation bewußt wahrnehmen und reflektieren. Im akzeptierenden Rahmen der Themenzentrierten Interaktion und im geschützten Raum von geschlechtshomogenen Mädchen- und Frauengruppen hatten sie die Möglichkeit, neuen, ungewohnten oder bereits vergessenen Bewegungsformen wieder Gestalt zu verleihen.

Die einseitig kompetitive Leistungsmoral des männerorientierten Sports, der den Körper zum Wettkampfinstrument degradiert, sollte durch eine zu entwickelnde *andere* Beziehungskultur (Beziehung zu sich selbst, Beziehung zum Leib, Beziehung zu meinem Gegenüber, zur Gruppe ...) innerhalb des Sports und der Bewegung ersetzt werden.

Durch die Erfahrungen in der Arbeit mit sozial benachteiligten Frauen betrachte ich diesen bewegungsorientierten Ansatz als Königinnenweg in der Frauenarbeit.

Die theoretische Grundannahme der oben beschriebenen geschlechtsspezifischen Körpersozialisation stellt sich für unsere Zielgruppe aufgrund ihrer anderen sozialen Lebenssituation und Geschichte etwas anders dar. Durch eine andere Sozialisation, auch körperorientiert aber unter anderen Vorzeichen, entwickeln sozial benachteiligte junge Frauen oft andere Beziehungen zu ihrem Körper und andere körperliche Verhaltensweisen als Frauen aus der (deutschen) Mittelschicht. Viele Teilnehmerinnen der Sozialen Trainings haben in ihrer Kindheit nicht unbedingt unter den engen Warnungen, Sorgen und Ängsten ihrer Mütter und Väter gelebt, sondern wurden vernachlässigt. Kein Mensch sorgte sich wirklich um sie, hatte ein Auge auf ihre Bewegungsräume oder machte sich die Mühe, ihre Freiräume einzuschränken. Viele der mir bekannten Frauen haben sich auf der Straße bewegt, waren obdachlos, haben sich in Parks oder in Bahnhöfen „herumgetrieben", wenn auch nicht joggend, sondern auf der Suche nach Kontakt. Für viele dieser Frauen ist die Dunkelheit und das Alleine-Sein nicht (mehr) beängstigend – sie haben sich daran gewöhnt.

Einige (wenn auch wenige) haben ihren Körper als Mittel der Auseinandersetzung erlebt und eingesetzt. Es gab auch in unseren Gruppen Frauen, meistens jünger als 19 Jahre, für die offene Gewaltanwendung kein Tabu darstellte, oft aus Motiven der Konkurrenz oder der Andersartigkeit fremder Personen. Vor der gewalttätigen Auseinandersetzung stand bei diesen Mädchen allerdings immer erst die Konfliktlösung durch Reden. Danach waren die Formen der Gewaltanwendung oft sanfter im Vergleich zu den Jungen und folgten noch bestimmten Fairness-Geboten. Den Mädchen kam hierbei ihre Fähigkeit zu Empathie zugute (oder: in die Quere).

Als jugendliche Prostituierte, sog. *Straßenmädchen* (dieser Begriff macht das andere, öffentliche Bewegungsfeld dieser Frauen deutlich) sind diese Frauen mit Fremden mitgegangen, und hatten nicht das Geld, sich sauber und anständig anzuziehen. Diese jungen

Frauen haben die gängige weibliche Rolle nicht gründlich lernen können, da ihnen die sozialen Voraussetzungen dafür fehlten. Sie sind häufig nicht nur eßsüchtig, sondern können auch drogensüchtig geworden sein. Und sicherlich geben sie ihre paar Groschen nicht für Diäten, Kosmetik oder Schönheitschirurgie aus; wobei auch für sie Schönheit und Äußerlichkeit Thema sind. So gab es z.B. für ein Mädchen aus einer eher rechten, gewalttätigen Szene, ein äußeres Erkennungszeichen: Die langen, blondierten Deckhaare waren ihr Tribut an ihre weibliche Geschlechtsrolle, die darunter kurzgeschorenen (dunkler gefärbten) Nackenhaare bezeichneten ihre *andere* (männliche?) Identität.

Die oben dargestellten theoretischen Grundlagen für eine frauenparteiliche Arbeit mit dem Medium Körper und Bewegung orientieren sich in ihren Themen und Übungen an der gängigen Mittelschichtsozialisation und spezifizieren zu wenig die Körper- und Bewegungserfahrungen von sozial benachteiligten Frauen.

Viele Frauen aus unseren Trainingsgruppen waren schlagkräftig genug, brauchten die Erfahrung eigener Kraft im Durchschlagen eines Fichtenbrettes nicht, sondern mußten üben, sich auch in ihrer Unsicherheit wahrzunehmen. Viele Frauen konnten laut genug schreien und taten dies jeden Tag. Für sie war die Erfahrung der Stille, die Aufforderung, sich zurückzunehmen, sich nicht so breit zu machen und anderen den Vortritt zu lassen, viel schwerer umzusetzen. Sehr aufmerksam zu sein und herauszufinden, mit welchen Körper- und Bewegungserfahrungen Frauen mit ganz besonderen, sozial schwierigen Biographien unterstützt und gestärkt werden können, ist in dieser Arbeit unerläßlich (und ein bisher noch ungenügend erforschter Zweig des Brochterbecker Konzeptes). Im folgenden zeichne ich unseren Weg in dieser Hinsicht nach.

Der Arbeitsmarkt kriegt uns nicht klein!
Verlauf einer sozialen Trainingsgruppe

Rahmenbedingungen der Arbeit

Im folgenden möchte ich den Verlauf einer sozialen Trainingsgruppe detaillierter beschreiben. Diese Gruppenarbeit fand statt in einem Zeitraum von 9 Wochen (Oktober bis Dezember 1997) an drei Vormittagen wöchentlich von jeweils 9.00 bis 12.15 Uhr. Wir hatten den sehr schönen, großen, hellen Raum der evangelischen Familienbildungsstätte in Münster zur Verfügung. Der Raum war mit Teppich ausgelegt, behaglich und dennoch groß genug, sich raumgreifend bewegen zu können. Eine kleine abgetrennte Kaffeeküche machte auch die Pausen angenehm und gemütlich, unsere Arbeit verlief diesbezüglich ungestört. Die Medienaustattung war gut: CD-Player, Cassettenrecorder, eine komplette Video-Anlage. Die Teilnehmerinnen erhielten keine finanzielle Belohnung für die Teilnahme. Sie bekamen allerdings die Kosten für die Busfahrten zum Training und zur ITB- Beratung erstattet.

Zu den Teilnehmerinnen: Zum Beispiel ...

Die Gruppe bestand aus sechs Frauen, die mit verschiedenen Wünschen und Motiven zum Training erschienen.
Zum Beispiel ...
- A. war 17 Jahre und hatte einen Sonderschulabschluß für Lernbehinderte. Sie lebte mit starken familiären Problemen, v.a. mit heftigen, gewalthaltigen Auseinandersetzungen mit ihrer Mutter und wurde deswegen eng sozialpädagogisch begleitet. Sie wohnte zusammen mit ihrem Freund, einem viel älteren Mann, in dessen Wohnung und bezog Sozialhilfe. Sie arbeitete derzeit in einer betreuten Jugendwerkstatt. A. war das Training von einer Sozialpädagogin der Jugendwerkstatt vorgeschlagen worden, um

neben der praktischen Arbeit Raum zu bekommen, über sich selbst und ihre schulische bzw. berufliche Zukunft nachdenken zu können. A. stand der Gruppe anfangs skeptisch gegenüber. Sie wollte selbst entscheiden, inwieweit sie sich einlassen oder abgrenzen würde. Ihr Anliegen war es, ihr Auftreten in Bewerbungsgesprächen zu verbessern und Informationen über das Berufsleben zu sammeln. A. hatte eine sehr direkte, oft auch aggressive, beleidigende Form, Kritik zu äußern, und enge Wertmaßstäbe. Mit ihrer jugendlichen Frische und Direktheit war sie diejenige, die Schwierigkeiten in der Kommunikation direkt ansprach und ohne Scheu auf den Punkt brachte.

– C. war 22 Jahre, sie lebte (unter Bezug von Arbeitslosengeld) mit ihrem Freund, der sie finanziell unterstützte, in einem Mietshaus mit zwei getrennten Wohnungen. Sie hatte mehrere Jahre wegen familiärer Probleme (sie war schließlich von zu Hause weggelaufen) in betreuten Wohngemeinschaften der Jugendhilfe gelebt und nach ihrem Hauptschulabschluß in einer Wäscherei gejobbt. Derzeit besuchte sie mangels Ausbildungsplatz die Abendrealschule. C. wollte am liebsten möglichst schnell eine Ausbildung beginnen, mit der ein Einstieg in das Berufsleben möglich würde. Ihr Motiv für die Teilnahme an der Gruppe war das Bewerbungstraining und das Erlernen von Präsentationstechniken: „Wie kann ich mich besser verkaufen? Wie finde ich die richtigen Worte für die Lücken in meinem Lebenslauf? Wie schreibe ich einen Bewerbungsbrief?"

– D. war 23 Jahre und lebte von Sozialhilfe mit ihren zwei kleinen Kindern (drei und fünf Jahre) alleine in einer kleinen Wohnung. Auch sie besaß einen Hauptschulabschluß. Die Vergangenheit ihrer letzten sechs Jahre war gekennzeichnet durch Drogen, Gewalterfahrungen, Kriminalität und Obdachlosigkeit. Als Kind war sie in mehreren Adioptivfamilien und im Heim aufgewachsen. Sie war zur Zeit beschäftigungslos, lebte seit zwei Jahren mit den Kindern alleine und stabilisierte ihr Leben bewundernswert.

D. war eine intelligente, kritische Frau, die mit viel Kraft sich und ihre zwei Kinder aus schwierigsten Verhältnissen gerettet hatte. Die Kinder waren derzeit vormittags im Kindergarten, so daß D. diese Zeit für sich nutzen wollte, über ihre berufliche Zukunft mehr Klarheit zu gewinnen. In der Gruppe wollte sie lernen, mit ihrer Aggressivität situationsangemessen umzugehen, in anderen Situationen wiederum durchsetzungsfähiger zu werden, Bewerbungstechniken kennenzulernen und Vorstellungsgespräche zu üben, um sich für eine Arbeit oder Ausbildung erfolgreich bewerben zu können. Gleichzeitig wollte sie die Vereinbarkeit dieser Vorstellungen mit der alleinigen Erziehung ihrer zwei kleinen Kinder und ihrer finanziellen Situation überprüfen: „Kann ich mit meinen Voraussetzungen jemals mehr verdienen als Sozialhilfe? Lohnt sich dann der Streß? Wo und unter welchen Bedingungen will ich arbeiten?"

Die Teilnehmerinnen dieser Gruppe waren in ihrer Entwicklung *weiter* als die der vorangegangenen, in der vier von sechs Frauen noch drogenabhängig gewesen waren und alle noch mitten in schwierigen, ungelösten Problemen steckten. Das Zusammentreffen unserer (der Leiterinnen) Unerfahrenheit und konzeptionellen Unsicherheiten mit so schweren sozialen Problematiken und dem dazu gar nicht passenden Auftrag des sozialen Trainings für die Aufnahme von Arbeit, hatte uns bei der Zusammenstellung dieser zweiten Gruppe zu veränderten Aufnahmekriterien (z.B. Clean-Sein, auf der Suche nach Arbeit etc. ...) gebracht. Diese Auswahl hatte den Nachteil, daß die extrem *aus der Rolle fallenden* jungen Frauen nun auch bei uns keinen Platz mehr fanden.

Aufbau der Treffen

Ich leitete die Gruppe gemeinsam mit meiner Kollegin, Christiane *Hansmann*. Alternierend waren wir Leitung oder Co-Leitung, die

Co-Leitung beobachtete den Prozess, gab der Leiterin im Anschluß der Treffen ein Feedback oder übernahm bei Bedarf Einzelgespräche mit Teilnehmerinnen. Ohne diese Rückkopplung und Stärkung durch eine zweite Person in der Leitung ist Gruppenarbeit mit dieser Zielgruppe unserer Meinung nach nicht denkbar.

Wir begannen die Einheiten jedesmal mit einer Eingangsrunde, in der jede Frau Gelegenheit bekam, momentane Befindlichkeiten oder Gestörtheiten zu formulieren. Die Eingangsrunde galt der Feststellung der Arbeitsfähigkeit, der Reste von vergangenen Tagen und Treffen. Die darauf folgenden zwei thematischen Arbeitseinheiten wurden durch eine viertelstündige Pause unterbrochen. In den Gruppenarbeitsformen wechselten wir je nach Gruppendynamik und Thema zwischen Einzel-, Partnerinnnen- und Kleingruppenarbeit, sowie Gesprächen im Plenum. Die Einzelarbeit bestand oft aus Eintragungen in ein persönliches Tagebuch. Den Abschluß bildete jeweils die sog. Schlußrunde, ein Blitzlicht zur momentanen Befindlichkeit und ein kurzes geleitetes Feedback zum Vormittag. In vielen Treffen gaben wir Hausaufgaben, die der Anwendung des Gelernten im Alltag oder der Vorbereitung der nächsten Einheit dienten.

Ziele, Themen und der Gruppenprozess

Angekündigt war das Training mit vier Themenschwerpunkten, die angelehnt waren an das niederländische Konzept der APSO-Trainings:

A = Attitude / Haltung: Arbeit an inneren und äußeren Haltungen zum eigenen Leben, zu Arbeit und Beruf.

P = Presentatie / Präsentation: Arbeit an unterschiedlichen Arten, sich auszudrücken und darzustellen, insbesondere in Situationen des Bewerbungsprozesses.

S = Sollicitatie / Bewerbung: Training der verschiedenen Schritte eines Bewerbungsprozesses (Stellensuche, Anruf, Bewerbungsschreiben, Vorstellungsgespräch).

O = Overleven op de werkvloer / Überleben am Arbeitsplatz: Umgang mit Chefs, Chefinnen, Kollegen, Kolleginnen, Abgrenzung gegen sexuelle Belästigungen, Umgang mit Mobbing, Verhandlungstechniken, Konflikt- und Kompromissfähigkeit, Vereinbarkeit von Beruf und Familie.

Geplant war, diese Themenschwerpunkte nacheinander zu behandeln.

Kennenlernen, Körperwahrnehmung und Körperhaltung

ZIELE

In der ersten Woche hatten die Frauen Raum, sich spielerisch kennenzulernen, ihre Erwartungen an die Inhalte der Arbeit zu formulieren und Regeln der Zusammenarbeit zu klären. Anschließend konnten sie lernen, ihren eigenen Körper und dessen Botschaften differenzierter wahrzunehmen. Ebenfalls sollte über die Wahrnehmung der Körpersprache der anderen teilnehmenden Frauen die Aufmerksamkeit für die Andere, der Blick nach außen, als Grundlage von selbstbewußter und situationsangemessener Kommunikation geschärft werden. Techniken des Beschreibens der Wahrnehmung im Feedback wurden eingeübt als Grundlage für die weitere Arbeit. Wichtig gerade in diesen ersten sieben Treffen war uns, die Frauen über ihre Stärken zu motivieren: über ihre Willenskraft (sie schlugen ein Fichtenbrett durch), über ihre Lebensträume, über ihr Selbstvertrauen (sie verfassten eine Laudatio zu sich selber und trugen sie der Gruppe vor).

THEMEN

1. Treffen: Wer bin ich und was will ich hier für mich tun? (Vorstellen, Klären der Motivation für die Teilnahme, Organisationsfragen)

2. Treffen: Wie will ich mit euch zusammenarbeiten? Mit welchen Themen möchte ich mich auseinandersetzen? (Gruppenregeln, Themenplan)
3. Treffen: Ich bin so stark wie ich will! Die Kraft meines Willens und meiner Träume
4. Treffen: Die Sprache meines Körpers wahrnehmen (v.a. Gestik, Blick)
5. Treffen: Meine Körperhaltung im Sitzen, Stehen und Gehen
6. Treffen: Wie gebe und empfange ich Feedback?
7. Treffen: Mein Atem, meine Stimme, meine Sprache

PROZESS

Der Gruppenstart war schwungvoll. Alle Teilnehmerinnen signalisierten großes Interesse, ließen sich ein, erschienen motiviert. In den beiden ersten Treffen konnten die Frauen sich besinnen, was sie für sich in der Gruppe tun und was sie erreichen wollten. Die Arbeitsvorhaben waren eher homogen. Alle Frauen wollten lernen, selbstbewußter und sicherer aufzutreten, um diese Kompetenz im Alltag und insbesondere im Bewerbungsprozess zu nutzen. Sie sahen die Gruppe als mögliche Stärkung für ihre zukünftige Suche nach einem Arbeitsplatz oder einer Ausbildungsstelle, wie auch als Möglichkeit, an persönlichen Stärken und Schwächen in der Gestaltung ihrer sozialen Kontakte zu arbeiten. Ruhig und konzentriert erarbeiteten sie Gruppenregeln, in denen gegenseitiger Respekt und Toleranz, Pünktlichkeit und Verläßlichkeit, Ehrlichkeit und Bereitschaft zur Mitarbeit eine große Rolle spielten.

Im späteren Verlauf der Arbeit sind die Regeln weitgehend berücksichtigt worden. Bis auf eine Teilnehmerin nahmen alle Frauen regelmäßig und verbindlich teil oder entschuldigten sich, wenn sie ausnahmsweise verhindert waren – eine für diese Zielgruppe ungewöhnlich disziplinierte Arbeitshaltung.

„Wenn ich einen Zauberstab hätte – Wie sähe mein Leben in zehn Jahren aus?"

Die Lebensträume der Frauen – in ihrem Gruppentagebuch festgehalten – brachten sie näher zu sich selbst und zueinander. Uns Leiterinnen fiel auf, daß in ihren Träumen fast alle Lebensbereiche vorkamen und integriert werden sollten: Gesundheit, Glück, Spaß, Freizeit, Partnerschaft, Kinder, viel Geld und Erfolg. Beruf und Arbeit nahmen nur einen Platz am Rande ein. Zwei junge Frauen erwähnten Beruf und Arbeit in ihren Lebensträumen gar nicht, sie wurden von ihrem Mann finanziert. Zwei Frauen erwähnten den Begriff Beruf eher der Vollständigkeit halber, ohne eine konkrete

Vorstellung damit zu verbinden. Bei einer Teilnehmerin erschien Beruf als Hobby, das wenig Arbeit verursachte, aber viel Geld einbrachte. Im Gegensatz dazu waren die Bilder der Wohnorte sehr konkret. Eine große Villa in Marokko, ein Häuschen am Meer, ein Haus in Gran Canaria ...

Nur eine junge Frau hatte einen konkreten beruflichen Traum: die selbständige Eröffnung eines Kinderhotels, das sie inklusive Inneneinrichtung und Arbeitsorganisation detailliert ausmalen konnte.

In zehn Jahren etwas zu *Haben* erschien wichtiger als etwas zu *Tun*. Die wenigen dargestellten Aktivitäten bewegten sich im Bereich Sport und Freizeit. Blieb für die Gruppenarbeit die Frage: was will ich dafür tun, daß meine Träume wahr werden können?

Motivierend wirkte die Erfahrung, ein Brett durchzuschlagen. In der Überwindung ihrer Zweifel (Das schaffe ich nie!) fühlten sich die Frauen stark. Wenn ich will, komme ich trotz meiner Ängste an mein Ziel. Die Übungen zur Körpersprache wurden in spielerischer Form gut angenommen. Allerdings durfte unser Anspruch an eine länger dauernde Konzentration auf die Körperwahrnehmung nicht zu hoch angesetzt werden. Über die Einbettung in einen übergeordneten Sinn (z.B. Verbesserung der Ausdruckskraft) oder in eine Spielidee konnten die Frauen sich leichter einlassen. Sich zu entspannen und innerlich ruhig zu werden, gelang den jungen Frauen nur selten.

Die Teilnehmerinnen waren wenig geübt, Zusammenhänge zwischen Körperhaltungen und inneren Stimmungen zu erkennen. Die eigene und fremde Gestik beim Sprechen zu beobachten, mit dem Blickverhalten zu experimentieren oder Redewendungen zur Körpersprache szenisch darzustellen, gefiel ihnen dagegen sehr.

Die ersten Rollenspiele zur Körpersprache in einem Vorstellungsgespräch entfachten Aufregung. Unerwartete Verhaltensweisen kamen ans Licht. Zum Beispiel begrüßte E. ihre Chefin spontan mit
einem Knicks (und schämte sich nachher deswegen). A. saß in der
Rolle als Bewerberin (und als Gruppenteilnehmerin) schlaff
zurückgelehnt in ihrem Stuhl und konnte, als sie die Rolle der Chefin
übernahm, völlig aufrecht und gerade sitzen. F. wurde als Bewerberin
starr und sprachlos, entpuppte sich in der Rolle als Chefin als redege-
wandt und äußerst zuvorkommend. Die anschließende Diskussion
über den Zusammenhang von Macht, gesellschaftlicher Position und
Körpersprache wurde spannend und erkenntnisreich. Innere Einstellungen und äußere Haltungen zu Arbeit waren für die Teilnehmerinnen in ihrer Rolle als Arbeitsuchende ambivalent und reichten von:

> „Wenn ich mich in diesem Job so verhalten und so verkleiden muß, dann
> kommt der Job für mich eben nicht in Frage. Entweder die nehmen mich
> so wie ich bin – mit meinem alten Sweat-Shirt – oder eben nicht!"

Bis hin zu:

> „Ich tue alles. Hauptsache ich bekomme einen Job!"

131

Je dichter das Thema um Arbeitsaufnahme kreiste, desto schneller schlug die Aufregung um in Aggressivität oder (Torschluß-?) Panik.

Bearbeitung von Arbeitsblättern stieß bei allen Teilnehmerinnen auf Widerstand. Lesen und Aufgaben schriftlich zu beantworten erinnerte die Frauen zu stark an Schule. Andererseits genügten die Arbeitsblätter nie ganz ihren hochgesteckten Anforderungen an Logik und Vollständigkeit.

Eine Lobesrede auf sich selbst zu verfassen und vorzutragen machte allen Teilnehmerinnen viel Spaß, wirkte spannungslösend und tabubrechend. Dieses Treffen beendeten wir viel später als geplant.

Atem- und Stimmübungen waren den Frauen fremd. Die Frage : „Was soll das hier? Vom Vokale-tönen bekomme ich auch keinen Job!" stand – aggressiv geäußert – plötzlich im Raum und gab in den folgenden Treffen immer wieder Anlaß zu – nicht immer harmonischen – Gesprächen über die Lebenssituation der Frauen sowie den Sinn und die Grenzen des Sozialen Trainings.

Attitude en Presentatie: Selbstsicherer Ausdruck – Selbstsichere Kommunikation

ZIELE

Die Kriterien selbstsicheren Verhaltens wurden eingeführt, um in dem Dschungel des Redens über soziale Kompetenzen einen Angriffspunkt, einen Wertmaßstab zu finden, der Sicherheit und Orientierung bot. Anschließend hatten die Frauen Gelegenheit, ihre eigenen sozialen Kompetenzen selbst einzuschätzen und zu den Einschätzungen der anderen Stellung zu nehmen. Fast drei Wochen gemeinsame Arbeit dienten als Basis für dieses Unternehmen, das den Entwurf einer Landkarte der eigenen Stärken und Schwächen in der Kommunikationsfähigkeit ermöglichen sollte. Nach dieser Inventarisierung konnten gemeinsame Stärken und Schwächen aller Teilnehmerinnen festgestellt werden.

Alle Frauen dieser Gruppe beschrieben, neben unterschiedlichen sozialen Kompetenzen und Defiziten, gemeinsam Entwicklungsbedarf in folgenden Bereichen:
- Kritik geben und empfangen,
- Wünsche, Bitten und Forderungen äußern,
- Nein-sagen und sich abgrenzen,
- Durchsetzen, argumentieren und verhandeln.

Diese Bereiche wurden in gemeinsamer Abstimmung Gegenstand der Weiterarbeit. Wichtig war uns, die Situationsbeispiele für die Rollenspiele und Übungen sowohl aus dem privaten Alltag der Frauen als auch aus deren Arbeits- und Ausbildungserfahrungen zu entnehmen. Wir wollten die Unterschiede und Gemeinsamkeiten des Verhaltens in verschiedenen Zusammenhängen (unter Freundinnen, in hierarchischen Arbeitsverhältnissen, etc. ...) verdeutlichen.

THEMEN

8. Treffen: Unsicher – Sicher – Aggressiv – Wie gebe ich Kritik?
9. Treffen: Selbsteinschätzung – Fremdeinschätzung: Wie schätze ich, wie schätzen andere meine sozialen Kompetenzen ein?
10. Treffen: In welchen sozialen Kompetenzen fühle ich mich sicher – in welchen noch nicht? Woran will ich weiterarbeiten?
11. Treffen: NEIN-Sagen – Laut und deutlich!
12. Treffen: Komm mir nicht zu nah! Wie grenze ich mich ab?
13. Treffen: Wie äußere ich meine Wünsche? Wie stelle ich Bitten und Forderungen ?
14. Treffen: Ich setze mich durch!: Mit Körper-Kraft, Stimme und Sprache.
15. Treffen: Wenn mich jemand in einem Gespräch unterbricht ...

PROZESS

In den ersten Treffen dieser zweiten Gruppenphase wurden Kriterien selbstsicheren, selbstunsicheren und aggressiven Verhaltens erarbeitet. Effektive und intensive Rollenspiele fanden statt. Besonders am Beispiel der Frage: Wie äußere ich selbstsicher Kritik? wurden Unterschiede und die Schwierigkeiten von Frauen, sich selbstsicher zu verhalten, deutlich.

Gegenstand der Rollenspiele waren zum Beispiel der Umgang mit Kritik gegenüber den Eltern, alten, meckernden Frauen im Bus, Beziehungspartnern. Das Thema berührte alle und die Diskussionen waren erhitzt: Wem sage ich was in welcher Form und warum so und nicht anders?

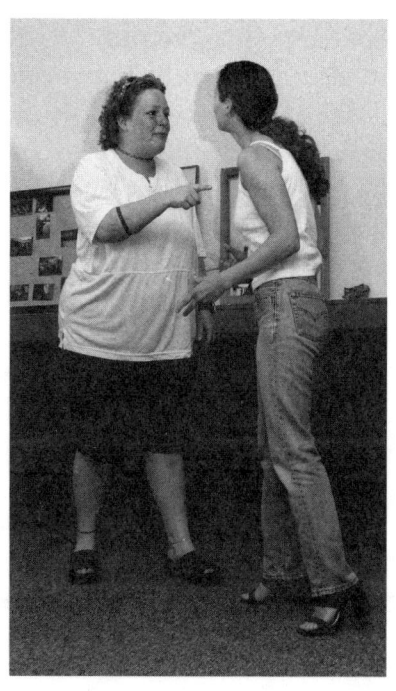

In einem weiteren Rollenspiel verhielten sich die Frauen in ihrer Kritik an einer imaginären Englisch-Kursleiterin ausweichend, indirekt, destruktiv–aggressiv, abwertend, drohend. Im Laufe der Auseinandersetzung mit diesem Rollenspiel kam auch Kritik an uns Leiterinnen zur Sprache. Nach einer – von mir zu lange hinausgezögerten – Auseinandersetzung mit einer Teilnehmerin, die mit ihrer destruktiv geäußerten Kritik sehr dominant Raum eingenommen hatte, wurde meine ausweichende, zu lange tolerante Haltung klar kritisiert.

„Warum hast du nicht eingegriffen? Du bist doch die Leiterin! Du mußt doch sagen , daß es so nicht geht!"

Klar war, daß sich alle Frauen eine autoritäre Leitung wünschten, die viel Struktur und Orientierung anbietet, die Grenzen setzt. Ich konnte und wollte nicht die Rolle einer strengen Mutter spielen, sondern ihnen mehr Entscheidungen selber überlassen.

Die Weiterarbeit an der Selbst- und Fremdeinschätzung der eigenen sozialen Kompetenzen machte Spaß, war offen und spannungsfrei. Die Frauen hatten einen realistischen Blick auf sich selbst und konnten auch die anderen in ihren kommunikativen Stärken und Schwächen recht gut einschätzen. In der Bearbeitung der weiteren Themen konnten wir Körper- und Bewegungsarbeit mit Rollenspielarbeit gut verbinden.

Rollenspiele zum Nein-Sagen wurden z.B. mit dem *Nein-Fangen* und Stimmübungen spielerisch eingeleitet. Das Thema *Raum-Einnehmen und Grenzen-Setzen* wurde zunächst körperlich erfahren: Wie fühlt es sich an, wenn ich ganz viel Raum einnehme? Wie breit kann ich mich machen? Wie weit kann ich mich im Raum ausdehnen? Wo spüre ich im Kontakt körperlich meine Distanzgrenze? Wie nah dürfen sich die Gruppenteilnehmerinnen auf mich zubewegen? Unter welchen Umständen verändern sich diese Grenzen?

Diese Frauenthemen – am eigenen Leibe erfahren – waren Bausteine des *Brochterbecker Konzeptes* und passten nun gut in die Sozialen Trainings. Die Frauen ließen sich vorsichtig, aber neugierig auf diese sensiblen Themen ein. In den anschließenden Rollenspielen thematisierten sie vor allem die Abgrenzung gegenüber Forderungen ihrer Mütter. Nachdem alle in den Bewegungsübungen mit viel Spaß viel Raum eingenommen hatten und klare Grenzen setzen konnten, war die Kehrtwendung in der Auswertung der Rollenspiele für uns Leiterinnen überraschend:

- „Man muß auch mal nachgeben können!"
- „Wichtig ist es, auf jeden Fall Kompromisse zu finden!"
- „Den eigenen Kopf durchsetzen, finde ich egoistisch!"
- „Man muß der Mutter doch auch mal einen Gefallen tun!"

Die braven und hilfsbereiten Töchter kamen in diesen Bewertungen klar zum Vorschein, obwohl einige Frauen dieser Gruppe in ihrer Kindheit alles andere als brav gewesen waren.

Wie setze ich meinen Willen und meine Forderungen durch? Diese Frage beschäftigte uns in den folgenden Treffen. Die Körperübungen zu diesem Themenkreis empfanden die Frauen als Tabu-brechend und spannungslösend. Sie räumten mit Körperkraft Gegenspielerinnen aus dem Weg, brachen mit Gewalt und List in geschlossene Menschenkreise ein, brüllten sich gegenseitig an, einen besetzten Platz im Restaurant wieder frei zu machen und kippten hartnäckige Sitzen-Bleiber einfach vom Stuhl. Die Zuschauerinnen der Rollenspiele hatten viel Spaß und lachten Tränen.

Verbale Durchsetzungsmöglichkeiten im geplanten Argumentationsaufbau oder andere rhetorische Strategien wurden in Rollenspielen erprobt:

Wie gebe ich in einem Restaurant das Steak zurück und wie bekomme ich auch mein Geld wieder? Wie fordere ich eine Gehaltserhöhung? Wie bringe ich meinen Partner dazu, daß er seine Klamotten wegräumt?

In dieser Phase des Trainings setzten wir – mit Einverständnis der Teilnehmerinnen – verstärkt die Video-Kamera ein. Anfängliche Scheu vor dem neuen Medium war schnell überwunden. Neugierig betrachteten die Frauen ihr eigenes Bild, fast alle waren angenehm überrascht von der äußeren Erscheinung ihrer Bewegungen, ihres Verhaltens, ihrer Sprache.

Sie hatten bis dahin ein negativeres inneres Eigenbild und konnten das Bild auf dem Monitor gut annehmen. Die äußere Spiegelung wirkte in dieser Gruppe stärkend auf das Selbstwertgefühl. Über den Monitor hatten wir die Möglichkeit, Rollenspielszenen zurückzuholen und detaillierter zu besprechen. Die Wiederholungen brachten Selbsterkenntnisse mit Hand und Fuß. Einer Teilnehmerin wurde z.B. deutlich, wie sehr sie durch ihre Redepausen andere dazu einlädt, für sie zu überlegen und zu arbeiten; einer zweiten, wie vorschnell sie den Rückzug antritt, wenn jemand über sie Beschwerden vorbringt; einer dritten, wie höflich und floskelhaft ihre Sprache sein kann: „Dürfte ich vielleicht einmal kurz fragen ...?" Gemeinsam bewunderten wir auch Vorbilder an Selbstsicherheit und Standfestigkeit.

Sollicitatie: Bewerbungstraining

ZIELE

Das eigentliche Ziel des Trainings, die Frauen bei der Arbeitssuche und im Bewerbungsprozess zu stärken, rechtfertigte den inhaltlichen Schwerpunkt der letzten zehn Treffen. Wir wollten den Teilnehmerinnen konkrete Hilfen für den Bewerbungsprozess geben. Unser Ziel war es, daß jede Frau am Ende dieser Phase eine komplette Bewerbungsmappe (mit Bezug auf eine reale Stellenanzeige) inklusive Anschreiben, Lebenslauf, Bewerbungsfoto und allen vorhandenen Zeugnissen erstellt haben sollte. Die Rollenspiele zu den Vorstellungsgesprächen konnten dann anschließend auf diese vorliegen-

138

den Lebensläufe und die ausgesuchte Stelle konkret bezogen werden. Als Vorbereitung dazu dienten Informationen über Mög-lichkeiten der Stellensuche in Münster, über das Lesen von Annoncen und die Aufgabe eines eigenen Inserates, Blindbewerbungen, das erste Telefonat, Anschreiben, Lebenslauf und Zeugnisse, Modalitäten eines Vorstellungsgespräches, Rechte und Pflichten von Arbeitgebern und Bewerberinnen im Bewerbungsprozess.

Uns Leiterinnen war in dieser Phase wichtig, die Frauen eng zu begleiten, wenn sie ihre Lebensläufe formulierten und darstellten. Die *Löcher*, in die diese Frauen gefallen waren, paßten nicht in die (männlichen, bürgerlichen) Erwartungen an lückenlose Schul- und Berufskarrieren. Die Kluft zwischen gesellschaftlichen Erwartungen und Wertmaßstäben und den konkreten Lebenswegen dieser Frauen galt es auszuhalten.

Unser Ziel war es, die Diskrepanz der Sichtweisen offen zu legen und mit ihnen andere, eigene Wertmaßstäbe über ihre Lebenswege, ihre Überlebensstrategien und ihre Kraft zu formulieren. Wir wollten vermeiden, daß sich die Frauen an diesem sensiblen Punkt der Selbstdarstellung (Bewerbungsmappe, Vorstellungsgespräch) als defizitär und schuldig lediglich durch die Brille des Bildungsbürgertums betrachteten. Wir unterstützten sie, eine aktive, selbstbewußte, sprachlich-strategische Form der Präsentation ihrer Lebensläufe zu finden. Ein hoher, aber gerechtfertigter Anspruch.

THEMEN

16. Treffen: Ich formuliere meinen Lebenslauf.
17. Treffen: Fortsetzung, s.o.
18. Treffen: Wie verfasse ich ein Bewerbungsanschreiben ? Theorie und Praxis.
19. Treffen: Rund um das Vorstellungsgespräch: Theorie.
20.–23. Treffen: Wie präsentiere ich mich in einem Vorstellungsgespräch? Wie stelle ich meinen Lebenslauf dar? (Rollenspiele)

24. Treffen: Das Bewerbungsfoto: Theorie und Praxis.
25. Treffen: Was hat mir das Soziale Training gebracht? Feedback zum Lernprozess, zur Gruppe, zur Leitung.
26. Treffen: Meine Lebensziele: Welche Ziele verfolge ich in fünf Jahren, in einem Jahr, in einer Woche, heute? Was will ich konkret dafür tun? – Abschied.

PROZESS

Obwohl alle Teilnehmerinnen das vorangegangene Selbstsicherheitstraining mit Freude mitgemacht und sinnvoll gefunden hatten, wurde der Anfang des Bewerbungstrainings doch mit Ungeduld erwartet. Endlich der ersehnten Ausbildungs- bzw. Arbeitsstelle einen konkreten, sichtbaren Schritt näherkommen – das war ihr Wunsch. Die Frauen folgten wissbegierig der Theorie zu den Modalitäten eines Bewerbungsverfahrens, die ihnen allerdings schon teilweise bekannt war, aber für jede Teilnehmerin auch neue Informationen enthielt. Die Umsetzung in eigene Sprache und Schrift gestaltete sich schwierig. Wir mußten individuell erheblich nachhelfen und gemeinsam nach Formulierungen suchen. Die fehlenden sprachlichen *Schlüsselkompetenzen* waren entscheidende Defizite, die diese Frauen im Bewerbungsprozess behinderten. Der Gruppenunterricht zerfiel streckenweise in Einzelberatungen, was aber dem Zweck nicht schadete.

In der Auseinandersetzung mit der eigenen Biographie, beim Erstellen des Lebenslaufes drohte die Stimmung destruktiv zu werden. Es stellten sich für die Frauen scheinbar unlösbare Fragen:
- Wie gehe ich mit meiner Sonderschullaufbahn um?
- Wie begründe ich, daß ich nach der Schule bis jetzt immer noch keine Ausbildung angefangen habe?
- Wie drücke ich das aus?
- Wie stelle ich mich mit all diesen *Lücken* positiv dar?

140

So wurde dieses Bewerbungstraining ein Stück gemeinsame Auseinandersetzung mit der Vergangenheit dieser Frauen, die nicht immer im Zeichen sozialer Sicherheit und dem Vorhandensein guter Bildungsmöglichkeiten gestanden hatte. Torschlußpanik machte die Gruppenstimmung in dieser Phase streckenweise ungeduldig bis aggressiv. Die Angst, auf dem Arbeits- und Aus- bildungsmarkt chancenlos zu sein, war spürbar. Wir Leiterinnen konnten den Frauen ihre teilweise gut begründeten Befürchtungen nicht nehmen. Sie gewannen aber eine andere Sicht auf ihren Lebensweg dadurch, daß wir alle Stärken und die Kraft, die diese Frauen in persönlichen Situationen in ihrem Leben gebraucht und bewiesen hatten, immer wieder herausstellten. Gemeinsam schafften sie es, sich in den sozialen Kompetenzen, die sie in *ihrem* Lebensweg gewonnen hatten, selbst zu versichern. Durchhaltevermögen, Überlebenskraft, Direktheit und Mut, diese Stärken finden vielleicht nicht in einem Bewerbungsschreiben ihren Platz, können aber sehr wohl in einem Vorstellungsgespräch zur Sprache kommen. Vor allem die Rollenspiele zu den Vorstellungsgesprächen haben die Frauen als unterstützend erfahren. Sie gewannen Sicherheit in der Beantwortung von Fragen zu ihren *persönlichen Lebensläufen mit ihren Lücken, die Wendepunkte waren auf ihrem Weg.*

Wir brauchten sehr viel mehr Zeit für diesen Themenblock als erwartet, so daß der vierte Teil des Trainings, Overleven op der werkvloer, leider ausfallen mußte. Alle Teilnehmerinnen bedauerten das sehr, hätten gerne weitergemacht.

In der Auswertung war einstimmige Meinung aller Teilnehmerinnen, daß die Trainingszeit viel zu kurz und die Themen alle wichtig und spannend gewesen seien. Sie gaben an, daß sie viel für den Bewerbungsprozess und für ihren Lebensalltag gelernt hatten, in dem sie sich nun, nach eigener Einschätzung, in vielen Situationen bewußter und sicherer hofften bewegen zu können.

„Vom Vokale-Tönen bekomme ich auch keinen Job!"
Bewegte TZI und Soziale Trainings für den Arbeitsmarkt
– Ein Fazit –

In den Sozialen Trainings wurden junge Frauen – ausgegrenzt vom Arbeitsmarkt – durch gemeinsame zentrale Fragen *bewegt:* Wie kann ich mich dem Arbeitsmarkt annähern? Was kann ich für mich tun, um mich in dieser *Bewegung* zu stärken? Mit euch anderen Frauen zusammen – die ihr doch auch gleichzeitig meine Konkurentinnen auf diesem Markt seid!?

Der GLOBE Arbeitsmarkt, der die Frauen beschäftigt und der ihnen Angst macht, erschien in der Gruppenarbeit oft als unbeweglicher Eisblock, an dem arbeitslose Frauen sich die Zähne ausbeißen können, auf dem sie Purzelbäume und akrobatische Kunststücke der Präsentation sozialer Kompetenz vollführen können – und der sich seinerseits doch nicht „öffnet" – oder sich für sie ein wenig „entspannt". Viele Frauen haben im Anschluß an das Projekt zunächst keine Arbeits- oder Ausbildungsstelle finden können. Angesichts der geringen Chancen für sozial benachteiligte Frauen auf dem Arbeitsmarkt stellen sich Fragen:

- Sind die Sozialen Trainings und der große Markt an Qualifizierungsmaßnahmen für Benachteiligte nicht in erster Linie Arbeitsbeschaffungsmaßnahme für die beteiligten Projektentwickler und Sozialpädagoginnen, die ohne diese Aufgabe ebenfalls arbeitslos gewesen wären?
- Brauchen diese Sozialpädagoginnen die Arbeitslosigkeit und die *Bewegung* ihrer Klientinnen, um selber in Brot und Arbeit zu sein?
- Ist es nicht müßig, wenn sich sozial benachteiligte Frauen für einen Arbeitsmarkt immer „fitter" machen, der sich seinerseits nicht flexibilisiert?

Die Dynamik von ICH–WIR–THEMA (im Sinne des TZI-Dreiecks), die in der Arbeit einer Sozialen Trainigungsgruppe entsteht, muß letztendlich wirkungslos bleiben, wenn es nicht gelingt, den GLOBE – in diesem Falle den Arbeitsmarkt – mit zu bewegen.

Bewegungen im Dreieck einer TZI-Gruppenarbeit mit Frauen müssen in ihren Berührungspunkten den GLOBE beharrlich anpacken und ihn mit bewegen – nicht an ihm vorbei oder gelähmt in seiner starren Umklammerung. Die Blickrichtung der drei Faktoren des TZI-Dreiecks – symbolisiert in meiner Vorstellung durch drei Frauen, die sich an den Händen halten – muß sich im Ergebnis einer Gruppenarbeit von innen nach außen wenden. Frauen müssen sich umdrehen, die Kugel in den Blick nehmen und diese ins Rollen bringen.

Integration von sozial benachteiligten Frauen kann nur gelingen, wenn sich nicht nur die Frauen bewegen, sondern alle arbeitsmarktpolitischen Akteure zusammenspielen; wenn die nur noch begrenzte Menge an bezahlbarer Arbeit in dieser Gesellschaft aufgeteilt wird. Dazu gehört zum Beispiel, daß
– sich Betriebskulturen öffnen für die ganz besonderen Schwierigkeiten und Voraussetzungen sozial benachteiligter Frauen,
– auch einfache Arbeitsplätze bestehen bleiben,
– mehr Teilzeitausbildungen, Teilzeitsarbeitsplätze und Möglichkeiten des Job-Sharings geschaffen werden,
– Beratungs- und Qualifizierungsmaßnahmen an den speziellen Bedürfnissen von Frauen ausgerichtet werden,
– selbstständige Unternehmensgründungen von sozial benachteiligten Frauen besonders unterstützt werden.

In diesen Diskussionen müssen sich Frauen – auch und gerade die ausgegrenzten – mehr einmischen und einbezogen werden. In der gemeinsamen Bewegung des GLOBES läge für mich der Anreiz, das Konzept einer Sozialen Trainingsgruppe weiterzuentwickeln.

Literatur

Amann, Irene u.a.: „Beachte die Körpersignale ..." Körpererfahrung in der Gruppenarbeit. Mainz 1991. (Reihe: Aspekte Themenzentrierter Interaktion).

Aposhyan, Susan: Natural Intelligence. Baltimore 1999

Belz, Helga: Kooperative Haltung in Arbeitsgruppen durch individuelles Selbstwußtsein und Reflektion auf der Grundlage der Themenzentrierten Interaktion. In: Belz, H. (Hg.): Auf dem Weg zur arbeitsfähigen Gruppe. Mainz 1998 (Reihe: Apskete Themenzentrierter Interaktion).

Bloom, Lynn et al: Die selbstsichere Frau – Anleitung zur Selbstbehauptung. Weinbek 1992.

Brinkmann, Ulla: Kontakt-Improvisation. Frankfurt/M. 1992

Buschmann, Mechtild/*Schitteck*, Dagmar: Menschen in Bewegung. Soest 1992.

Buschmann, Mechtild: Pädagogische Entwicklung. In: *Kröner*, S. (Hg.): Annäherungen an eine andere Bewegungskultur. Abschlußbericht des Modellprojekts Kultur- und Bildungszentrum für Körper, Bewegung und Sport von Mädchen und Frauen in Tecklenburg-Brochterbeck. Pfaffenweiler 1993, 68–115

Buschmann, Mechtild/*Borgmeier*, Christa Maria: FRAU-sein – MANN-sein: Der Einfluß auf die Supervision. In: Themenzentrierte Supervision. Mainz 1998 (Reihe: Aspekte Themenzentrierter Interaktion).

Cohen, Bonnie, B.: Sensing, Feeling and Action. Northhampton 1993

Edwards, Betty: Der Künstler in Dir. Hamburg 1987

Fliegel, Steffen u.a.: Verhaltenstherapeutische Standardmethoden. Weinheim 1989

Gipser, Dietlinde / *Stein-Hilbers*, Marlene: Soziale Grundlagen weiblicher Konflikte und Konfliktbewältigungen. In: dies. (Hg.): Wenn Frauen aus der Rolle fallen. Alltägliches Leiden und abweichendes Verhalten von Frauen. Weinheim und Basel 1987, 11 ff

Glücks, Elisabeth: Absage an den Part der „großzügigen Verliererin". Politische Frauen- und Mädchenbildung zum Thema alltägliche Gewalt. In: *Engel*, Monika/ *Menke*, Barbara (Hg.): Weibliche Lebenswelten – gewaltlos? Analysen und Praxisbeiträge für die Mädchen- und Frauenarbeit im Bereich Rechtsextremismus, Rassismus, Gewalt. Münster 1995, 181 ff

Hartley, Lina: Wisdom of the Body Moving. Barkeley 1995

Hentig, Hartmut von: Kreativität. München 1998

Hildebrandt, Reiner/*Laging*, Ralf: Offener Sportunterricht. Bad Homburg 1981

Kaltenbrunner, Thomas: Contact-Improvisation. Aachen 1992

Klein, Marie-Luise: Sozialräumliche Bedingungen des Frauensports. Das Beispiel Ruhrgebiet. In: *Kröner*, S./*Pfister*, G. (Hg.): Frauenräume, Körper und Identität im Sport. Pfaffenweiler 1992

Kroeger, Matthias: Modell der Selbstsupervision in der TZI. In: Themenzentrierte Interaktion (1989) 2

Kröner, Sabine: Ein Kultur- und Bildungszentrum für Körper, Bewegung und Sport von Mädchen und Frauen. Konzeption und erste Ergebnisse. In: *Kröner*, S./*Pfister*, G. (Hg.): Frauenräume, Körper und Identität im Sport. Pfaffenweiler 1992

Kröner, Sabine (Hg.): Annäherungen an eine andere Bewegungskultur. Abschlußbericht des Modellprojekts Kultur- und Bildungszentrum für Körper, Bewegung und Sport von Mädchen und Frauen in Tecklenburg-Brochterbeck. Pfaffenweiler 1993

Kröner, Sabine und Projektgruppe (Hg. Deutsche Sportjugend): Mädchen- und Frauenparteiliche Bewegungs- und Kommunikationskultur. Projektbericht, Frankfurt/M. 1995

Kröner, Sabine: „Hier dagegen ist das anders". Bilanz einer innovativen Praxisforschung. In: *Henkel*, Ulrike/*Kröner*, Sabine (Hg.): Und sie bewegt sich doch! Pfaffenweiler 1997

Lichthardt, Christiane: Laut(er)starke Mädchen: Selbstverteidigung und Selbstbehauptung an Schulen. Münster 1995

Marone, N.: Erlernte Hilflosigkeit überwinden. Frankfurt/M. 1996

Mies, Maria: Methodische Postulate der Frauenforschung. In: Beiträge zur feministischen Theorie und Praxis (1984)11, 7–25

Ministerin für die Gleichstellung von Frau und Mann des Landes Nordrhein-Westfalen (Hg.): Gewalt gegen Frauen. Dokumente und Berichte 15, Düsseldorf 1991

Musiolik, Britta: Offener Sportunterricht unter besonderer Berücksichtigung der Kommunikation. Unveröffentlichte erste Staatsexamensarbeit für das Lehramt der Sekundarstufe II. Münster 1997

Nienstedt, Monika/*Westermann*, Arnim: Pflegekinder. Münster 1989

Novak, Cynthia, J.: Sharing the Dance. Madison 1990

Petermann, Franz / *Petermann*, Ulrike: Training mit Jugendlichen. Förderung von Arbeits- und Sozialverhalten. Weinheim 1992

Pfister, Gertrud: Mädchenspiele – zum Zusammenhang von Raumaneignung, Körperlichkeit und Bewegungskultur. In: Sportunterricht 40 (1991)5, 165-175

Rubner, Eike (Hg.): Störung als Beitrag zum Gruppengeschehen. Mainz 1992 (Reihe: Aspekte Themenzentrierter Interaktion)

Schaef, Anne Wilson: Weibliche Wirklichkeit. Frauen in der Männerwelt. München 1994[3]

Steinman, Louise: The Knowing Body. Barkely 1995

Tatschmurat, Carmen: Feministisch orientierte Soziale Arbeit. Parteilich Handeln, dekonstruktivistisch denken? In: *Miller*, T./*Tatschmurat*, C.: Soziale Arbeit mit Frauen und Mädchen. Positionsbestimmungen und Handlungsperspektiven. Stuttgart 1996, 9–28

Waiblinger, Angela: Rumpelstilzchen. Zürich 1991

Wex, Marianne: Weibliche und männliche Körpersprache als Folge patriarchaler Machtverhältnisse. Hamburg 1980

Kurzbiographien der Autorinnen

Biermann, Regina, Jahrgang 1959; Tänzerin, Choreographin und Tanzpädagogin; Diplom-Sozialpädagogin; freie Mitarbeiterin im Bewegungs- und Kommunikationszentrum für Mädchen und Frauen in Tecklenburg-Brochterbeck; Zertifikat in Integrativer Bodywork and Movement Therapie, Level I.

Buschmann, Mechtild, Jahrgang 1938; Journalistin; Erwachsenenbildnerin; TZI-Diplom; TZI-Supervisorin; 7 Jahre Projektentwicklung, Begleitung und Supervision im Bewegungs- und Kommunikationszentrum für Mädchen und Frauen in Tecklenburg-Brochterbeck; Ausbildung in tiefenpsychologisch fundierter Körperpsychotherapie (George Downing). Eigene Praxis.

Kröner, Sabine, Jahrgang 1935; 6 Jahre Schuldienst; Dr. phil. (Soziologie); Wissenschaftliche Mitarbeiterin an den Universitäten in Gießen und Siegen; Professorin für Sportsoziologie an der Universität Münster, Forschungsschwerpunkt: Frauen und Geschlechterforschung; TZI-Ausbildung; Mitglied im Koordinations-Team von WILL-International 1998–2000.

Massing, Roswitha, Jahrgang 1942; 4 Jahre Schuldienst; Familienfrau mit drei Kindern; Kinder- und Jugendlichen-Psychotherapeutin an der Psychologischen Beratungsstelle in Ibbenbüren bis 1993; Lehrerin an einer Fachschule für Heilpädagogik in Rheine bis 1994; ab 1989 freiberufliche Arbeit als TZI-Gruppenleiterin, ab 1993 als TZI-Supervisorin; seit 1993 kunst- und gestaltungs-therapeutische Arbeit in eigener Praxis.

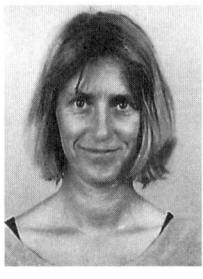

Tussing, Andrea, Jahrgang 1960; Zweites Staatsexamen Lehramt Sek I/II für Sport und Französisch; 5 Jahre Wissenschaftliche Mitarbeiterin im Bewegungs- und Kommunikationszentrum für Mädchen und Frauen in Tecklenburg-Brochterbeck; 3 Jahre Pädagogische Mitarbeiterin im Projekt ZORA: Berufsvorbereitung für sozial benachteiligte junge Frauen an der Volkshochschule in Münster.